Dear.
일상의
　소소한
　즐거움이 되시길...
　　늘 행복하세요 ♥

Idawhee
6화희

손바느질로 완성하는 베이비돌 옷과 소품

• • • • • • 말괄량이 **김화희** 지음 • • • • • •

책에 들어 있는 옷과 소품은 저자의 노력이 들어간 결과물입니다. 디자인, 도안 등을 모방하여 상품 혹은 상업적인 목적으로 사용하는 것은 저자의 저작권을 침해하는 것입니다. 저작권을 침해할 경우 민·형사상 책임이 따릅니다.

말괄량이의
인형옷 만들기
개정판

2017년 4월 7일 초판 1쇄 발행
2018년 2월 21일 초판 4쇄 발행
2020년 6월 10일 개정판 1쇄 발행

지은이 | 김화희
펴낸이 | 이종춘
펴낸곳 | ㈜첨단

주소 | 서울시 마포구 양화로 127 (서교동) 첨단빌딩 3층
전화 | 02-338-9151
팩스 | 02-338-9155
인터넷 홈페이지 | www.goldenowl.co.kr
출판등록 | 2000년 2월 15일 제 2000-000035호

본부장 | 홍종훈
편집 | 조연곤
본문 디자인 | 조서봉
전략마케팅 | 구본철, 차정욱, 나진호, 이동후, 강호묵
제작 | 김유석
경영지원 | 윤정희, 이금선, 이사라, 정유호

ISBN 978-89-6030-555-7 13630

BM 황금부엉이는 ㈜첨단의 단행본 출판 브랜드입니다.

※ 값은 뒤표지에 있습니다.
※ 잘못된 책은 구입하신 서점에서 바꾸어 드립니다.
※ 이 책은 신저작권법에 의거해 한국 내에서 보호를 받는 저작물이므로 무단 전재 및 복제를 금합니다.

※ 이 책에 사용된 단어 중 몇 가지는 독자의 빠른 이해를 돕기 위해 흔히 사용하는 용어 그대로 옮겨졌습니다.
  외래어 표기법에 따른 바른 표기는 다음과 같음을 알려드립니다.
  코사지 - 코르사주(corsage)
  썬캡 - 선캡(sun cap)
※ 표지 일러스트 "Designed by Lyolya_profitrolya / Freepik"

※ 황금부엉이에서 출간하고 싶은 원고가 있으신가요? 생각해보신 책의 제목(가제), 내용에 대한 소개, 간단한 자기소개, 연락처를 book@goldenowl.co.kr 메일로 보내주세요. 집필하신 원고가 있다면 원고의 일부 또는 전체를 함께 보내주시면 더욱 좋습니다.
책의 집필이 아닌 기획안을 제안해주셔도 좋습니다. 보내주신 분이 저 자신이라는 마음으로 정성을 다해 검토하겠습니다.

손바느질로 완성하는 베이비돌 옷과 소품

말괄량이의 인형옷 만들기

개정판

말괄량이
••••• 김화희 •••••
지음

BM 황금부엉이

Prologue

여자아이라면 누구나 인형놀이를 했던 기억이 있을 거예요.
제 어린 시절을 더듬어보면 항상 엄마가 먼저 떠오르는데,
늘 세 남매의 옷을 손수 만들어 입혀주셨거든요.
한 땀 한 땀 지어진 뜨개 옷, 재봉틀로 만든 옷…
엄마 옆에는 항상 원단이나 뜨개실들이 있어서 자연스럽게 그런 것들을 갖고 놀았던 기억이 나네요.

늘 품에 끼고 다니고 잠자고 먹을 때도 함께했던 인형이 하나 있었는데,
바느질하는 엄마 옆에서 나도 인형에게 옷을 만들어 주겠다며
작은 손으로 조몰락조몰락 가위질을 했다는 얘기를 지금도 듣곤 한답니다.

학생 때는 가정시간에 손바느질로 옷 만드는 시간이 참 재미있었고,
성인이 되어서도 늘 옷 만들기에 관심이 많아서 양장기능사 자격증까지 취득하게 되었어요.
내 옷은 물론이고, 신랑과 함께 여행을 가는 날이면 늘 커플옷을 만들어서 입었지요.
자기 옷을 안 만들면 서운해할 정도로 신랑도 옷 만들어주는 걸 좋아해요.

그러던 어느 날 친한 친구에게서 날아온 베이비돌 인형 하나!
그 인형 하나로 다시 어른아이의 인형놀이가 시작되었어요.
어떤 옷을 입혀줄까, 머리를 어떻게 해줄까, 이런저런 고민들이 너무나 즐거운 일상이 되었답니다.

인형옷을 만들면서 '누구나 따라 만들 수 있도록 친절하고 쉽게 설명된 책이 있으면 너무 좋겠다.'라는 생각을 했었는데, 마침 황금부엉이 출판사와 인연이 닿아서 인형옷 만들기 책을 출간하게 되었어요.

이 책은 화려하거나 어려운 것보다는 기본 디자인으로 누구나 쉽게 접할 수 있도록 구성해봤어요.
기본적인 방법을 따라 한 후에는 본인만의 개성을 더해 또 다르게 또 다르게 만들 수 있도록 말이죠.
같은 패턴이지만 약간의 변화만으로도 다른 느낌을 줄 수 있거든요.
다양한 기법과 패턴을 익히는 것도 중요하지만 한 가지라도 완벽하게 연습해서 아이디어를 더해 자신만의 옷을 만들 수 있기를 바랍니다.

[Basics of Sewing]

01 기본 도구

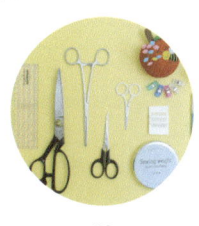

10

02 인형옷 만들기의 기초

12

[PART01 Top]

01 가오리핏 레이스 티셔츠

18

02 라운드 미키 티셔츠

21

03 민소매 노랑 티셔츠

24

04 민소매 레드 스트라이프 티셔츠

28

05 민소매 탑

31

06 색색스타 후드 티셔츠

34

07 소매셔링 블라우스

39

08 어깨프릴 블라우스

42

09 오프숄더 블라우스

46

10 핀턱 블라우스

49

11 하늘 캐미솔 탑

12 트레이닝 집업

13 조끼

52   54   58

[PART02 Bottom]

14 래빗 포켓 반바지 — 64

15 레드 스트라이프 칠부 레깅스 — 67

16 멜빵 셔링 반바지 — 70

17 배기 청바지 — 75

18 트레이닝 반바지 — 77

19 트레이닝 칠부바지 — 79

20 허리밴드 일자바지 — 82

21 맞주름 노랑 스커트 — 88

22 멜빵 프릴 스커트 — 91

23 미니스커트 — 94

24 테니스 스커트 — 98

25 허리프릴 스커트 — 100

[PART03 Dress]

26 롤칼라 원피스 — 104

27 민소매 A라인 원피스 — 109

28 민소매 프릴칼라 원피스 — 113

29 박스 원피스 — 116

30 스위티 원피스 — 119

31 캉캉 원피스 — 123

32 핑크 튀튀 원피스 — 127

33 스모크 원피스 — 131

34 올인원 잠옷 — 134

35 백설공주 앞치마 — 140

[PART04 Act]

36 러블리 앞치마 — 150

37 넥칼라 만들기 — 154

38 플라워 케이프 — 156

39 망사 속치마 — 159

40 블루머 — 161

CONTENTS

41 러닝 
164

42 팬티 
167

43 반양말 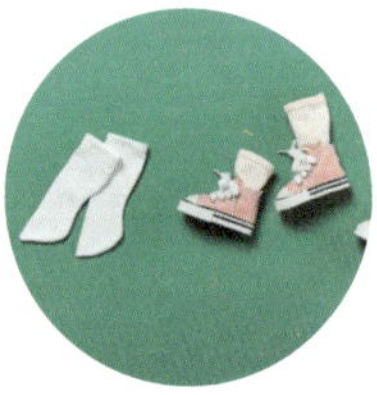
169

44 리본슈즈 
171

45 리본핀 
175

46 헤어밴드 
177

47 망사 리본 레이스 머리띠 
179

48 요정 모자 
181

49 썬캡 
184

50 백팩 
188

51 옷걸이 만들기 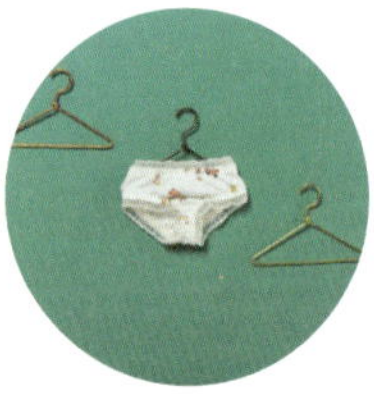
193

52 멍뭉이 슬리퍼 
195

[Pattern] 실물 크기 도안
200

소개

Sewing 01

기본 도구

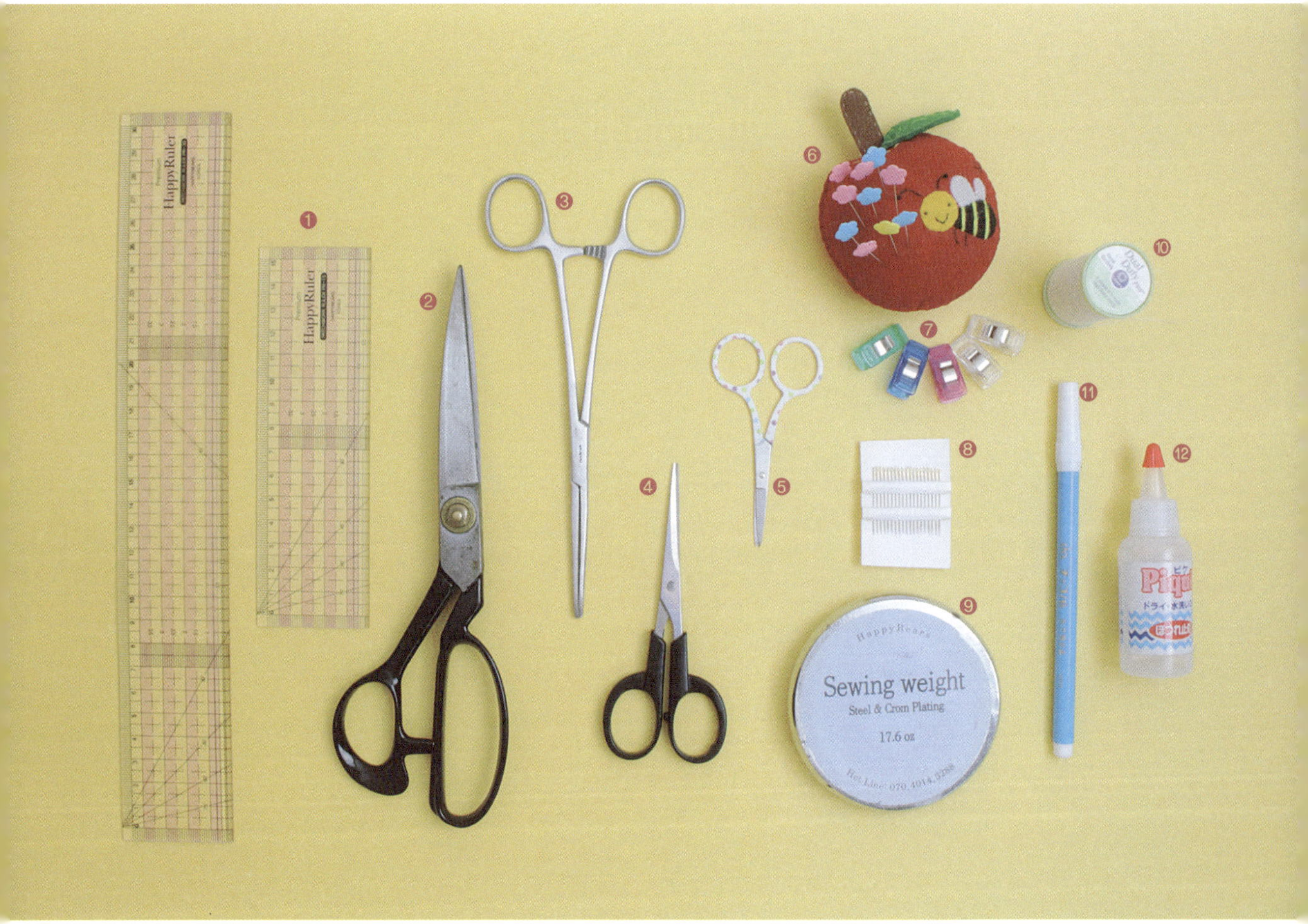

❶ 시접자
시접선을 그릴 때 필요해요. 방안지 모양으로 선이 그려진 투명 플라스틱 자가 편리하고, 긴 것과 짧은 것, 두 종류가 있어요. 0.3~3.5cm까지 시접 표시가 되어 있어 시접을 그릴 때 아주 편리하답니다.

❷ 재단 가위
원단을 자를 때 사용해요. 원단을 자를 때는 반드시 재단 가위를 사용해야 해요. 문구용 가위는 원단을 자르기에 불편하고 오래 사용할 수도 없답니다. 또 재단 가위로 종이나 기타 재질을 자르면 가위 날이 금세 망가지니 원단만 자르는 전용 가위로 사용하는 게 좋아요.

❸ 겸자
창구멍으로 원단을 뒤집거나 솜을 넣을 때 사용해요. 가위 끝에 톱니 날이 맞물려 있어 원단을 단단히 잡아 쉽게 뒤집을 수 있어요.

❹ 작은 가위
패턴을 종이나 트레이싱지 위에 옮긴 후 자를 때 사용해요. 작은 패턴들은 작은 가위를 이용해서 자르면 편리해요.

❺ 미니 가위
실밥을 정리하거나 원단 끝에 가위집을 줄 때, 또 원단 조각을 자를 때 필요해요.

❻ 시침핀
원단을 겹쳐서 바느질할 때 원단이 밀리지 않도록 고정해주는 용도로 사용해요. 가늘고 긴 것이 사용하기 좋답니다.

❼ 시접 고정 집게
원단을 고정할 때는 주로 시침핀을 사용해요. 그러나 두꺼운 원단이나 접착솜을 붙인 원단을 겹칠 때 등 시침핀을 사용하기 어려울 때 시접 고정 집게를 이용하면 단단하게 고정시킬 수 있어요.

❽ 바늘
손바느질 용도에 따라서 선택하면 되는데요. 얇은 원단에는 가늘고 짧은 바늘을 사용하는 것이 좋고, 두꺼운 원단에는 굵고 긴 바늘을 사용하는 것이 좋아요.

❾ 문진
원단 위에 도안을 옮겨 그릴 때 위에 문진을 올려두면 묵직해서 도안이 움직이지 않기 때문에 편하게 그릴 수 있어요.

❿ 실
재봉실이나 퀼트실, 자수실 등 여러 가지 실을 사용하는데요. 포인트용으로 사용하는 색깔실이 아니라면, 기본 홈질용으로는 퀼트실을 사용하는 것이 좋아요. 잘 끊어지지 않고 꼬임도 덜해서 바느질하기 쉽답니다.

⓫ 패브릭 전용 수성펜
도안을 그릴 때 사용해요. 펜 자국은 물을 뿌리거나 세탁하면 지워집니다.

⓬ 올 풀림 방지액
원단을 잘랐을 때 자른 면의 올이 풀리는 것을 방지하는 용도로 사용해요. 이렇게 하면 세탁 후에도 올이 잘 풀리지 않아요. 특히나 재봉틀 없이 손바느질로 인형옷을 만들거나 오버로크를 할 수 없는 경우 시접의 올이 풀리지 않게 해주기 때문에 꼭 필요해요.

인형옷 만들기의 기초

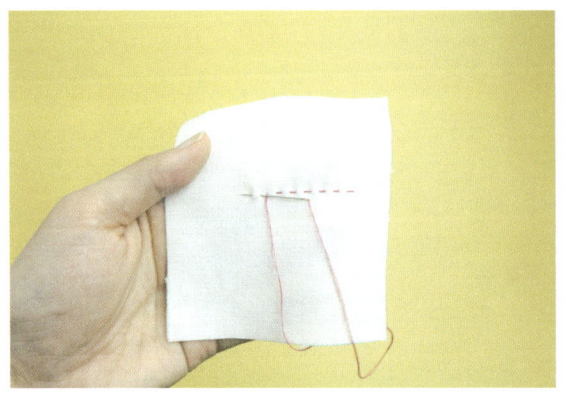

홈질
가장 기본이 되는 바느질 방법이에요. 장식적인 스티치를 넣을 때도 사용하지요. 실을 끼운 바늘을 원단의 앞뒤로 넣었다가 빼는 과정을 반복하면 돼요. 촘촘하게 바느질하면 좀 더 튼튼하답니다.

공그르기
창구멍을 정리할 때 사용하는 바느질 방법이에요. 두 원단의 모서리 부분을 한 땀씩 번갈아가면서 떠서 실을 잡아당기면 겉에서 바늘땀이 보이지 않고 깔끔하게 마무리됩니다.

도안 옮기기
도안은 그대로 복사해서 잘라 사용하거나 패턴용 부직포나 트레이싱지를 이용해 도안을 베껴 그린 후 선을 따라 잘라서 사용하면 돼요. 이렇게 자른 도안의 뒷면에 두꺼운 도화지를 붙여 보관하면 몇 번이고 다시 사용할 수 있어 편리하답니다.

식서방향에 도안 배치하기
옷 만들기를 할 때는 도안과 원단의 식서방향을 잘 맞추어 재단하는 것이 중요해요. 식서방향이란 원단을 잡아당겼을 때 늘어나지 않는 방향을 말해요. 원단에 도안을 그릴 때 늘어나지 않는 방향, 즉 원단의 식서방향에 도안의 위아래가 오도록 방향을 맞춰서 도안을 배치해야 정확한 도안 작업을 할 수 있어요.

도안 그리기

01 식서방향에 맞춰 잘 배치한 도안 위에 문진을 올려 움직이지 않도록 한 다음 수성펜으로 선을 따라서 그려요.

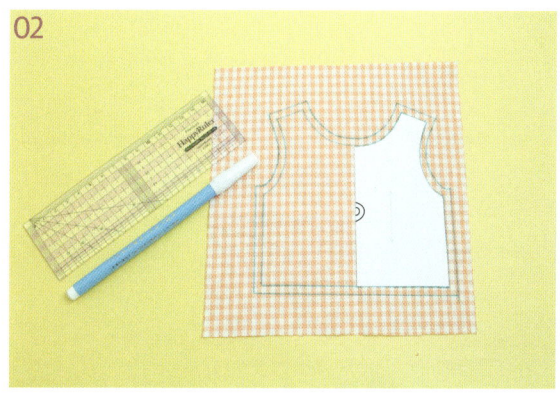

02 도안 중심에 골선 표시가 있는 도안은 양쪽이 대칭이 되도록 연결해서 도안을 그리라는 뜻이에요. 도안을 연결해서 완성선을 그린 후에 완성선을 기준으로 시접자를 이용해서 시접을 그려주세요. 이때 시접은 정확하고 깔끔하게 그려야 해요.

03 도안의 X자 화살표 표시는 바이어스 방향을 말하는데요. 바이어스 방향이란 사선방향으로 재단하라는 뜻이에요. 바이어스 방향은 대각선으로 모두 원단이 늘어난답니다. 도안을 원단의 사선방향으로 놓은 후 그리고 잘라내면 돼요.

올 풀림 방지액 바르기

01 원단 자른 면의 올 풀림을 방지하기 위해 바느질 전에 꼭 필요한 과정이에요. 원단 밑에 종이를 깔고 올 풀림 방지액을 재단한 원단의 가장자리에 조금씩 발라주세요.

02 올 풀림 방지액을 다 바른 후에는 원단을 완전히 건조시켜요. 다 건조되면 원단의 가장자리가 살짝 굳는답니다. 그럼 바느질을 시작해주세요.

접착솜 붙이기

원단 안면에 도안을 그리고, 접착솜은 시접 없이 잘라줍니다. 소품용 접착솜은 주로 4온스를 사용해요.

접착솜의 까끌한 부분이 원단에 부착하는 접착면이에요.

접착솜의 접착면을 원단 안면에 맞댑니다. 다리미에 열을 가한 후 문지르지 말고 살짝 꾹 눌러서 붙여주세요. 제대로 붙이지 않고 바느질하면 나중에 떨어지니 꼼꼼하게 붙여줘야 해요.

스팀다리미가 있다면 처음엔 스팀열로 붙이고, 그다음엔 스팀 없이 열로만 한 번 더 다려 스팀의 수분을 증발시켜요. 이렇게 하면 열과 수분이 적절하게 가해져 접착액이 녹으면서 원단에 접착솜이 잘 달라붙게 된답니다. 스팀다리미가 없다면 분무기로 살짝 물을 뿌려 스팀 역할을 해주면 돼요.

시접 처리하기

이 책에서는 재봉틀과 오버로크 미싱이 없다는 전제하에 손바느질로만 인형옷을 만들 때 누구나 쉽게 할 수 있도록 올 풀림 방지액을 이용해 시접을 처리하는 방법을 설명해요. 하지만 오버로크 전용 미싱이나 재봉틀이 있다면 시접을 오버로크 처리하거나 노루발을 활용해서 끝단을 말아박기해주면 돼요.

바느질의 기본 시접 처리 방법은 쌈솔, 통솔, 두 번 접어박기, 접어박기 가름솔, 감침질, 휘갑치기, 버튼홀 스티치 같은 것들이 있어요. 인형옷의 경우 폭이 좁은 부분의 시접 등은 미싱으로 오버로크하기 힘들기 때문에 기본 시접 처리 방법을 이용합니다. 특히 올 풀림이 쉬운 원단 종류인 실크, 아사, 거즈 등이라면 이 방법이 좋아요.

인형옷의 경우 시접을 두껍게 주면 옷이 둔탁해보이고 태가 안 날 수 있으니, 올 풀림이 심한 원단이라면 접어 박음질할 때 완성 시접이 0.3~0.5cm를 넘지 않는 것이 좋아요. 좀 더 신경 써서 바느질해야 된답니다.

초보자라면 이런 저런 시접 처리 방법 없이 올 풀림 방지액만으로도 만들기 쉬운 원단, 예를 들면 면 원단 30~40수 정도의 두께로 연습해본 후에 다양한 원단을 사용해보길 추천해요.

 여기서 말하는 '수' 앞의 숫자는 숫자가 작아질수록 두꺼운 원단, 숫자가 커질수록 얇은 원단입니다.

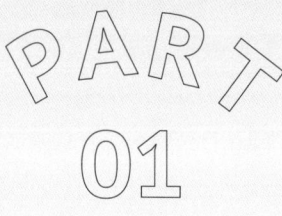

Top

가오리핏 레이스 티셔츠 · 라운드 미키 티셔츠 · 민소매 노랑 티셔츠 · 민소매 레드 스트라이프 티셔츠
민소매 탑 · 색색스타 후드 티셔츠 · 소매셔링 블라우스 · 어깨프릴 블라우스 · 오프숄더 블라우스
핀턱 블라우스 · 하늘 캐미솔 탑 · 트레이닝 집업 · 조끼

Styling Tip
✻
Top

가오리핏 레이스 티셔츠

실물 크기 도안 201~202쪽

원단 35×40
부자재 레이스 60cm, 스냅단추 3쌍

How to Make

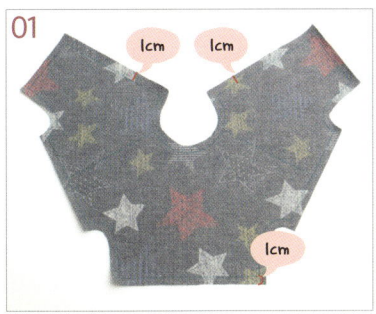

01 앞판과 뒤판의 어깨선을 연결해 원단에 그린 후 시접을 주고 재단하세요.

> **TIP** 앞판의 밑단과 뒤판의 뒤 중심 시접은 1cm, 나머지는 0.7cm로 시접을 줍니다.

02 시접 없이 안단을 재단합니다.

03 안단의 겉면을 01의 목둘레 겉면에 맞대고 시침핀으로 고정시켜요.

04 홈질로 안단을 바느질해주세요.

05 곡선에 가위집을 내주세요.

06 안면 쪽으로 안단을 꺾어 다려주세요.

07 겉면 쪽에서 시접 0.7cm 부분에 홈질로 상침 해주세요.

08 뒤 중심의 시접을 각각 접어서 홈질해요.

09 앞판과 뒤판은 소매 밑부터 옆선까지 잘 맞추어서 시침핀으로 고정시켜요.

소매 밑부터 옆선까지 연결해서 홈질해요.

소매 끝단을 안면 쪽으로 접어서 홈질해요.

레이스에 홈질로 셔링을 잡아주세요.

밑단 겉면과 레이스의 겉면을 서로 맞대어 시침핀으로 고정시켜요.

밑단 레이스를 홈질로 고정시켜요.

시접을 안면 쪽으로 꺾어서 겉면 쪽에서 홈질로 상침해주세요.

뒤 중심에 스냅단추를 달아요.

완성.

Tip 레이스의 폭은 다양해요. 레이스 폭에 따라 원피스로도 티셔츠로도 활용할 수 있답니다.

라운드 미키 티셔츠

실물 크기 도안 203~204쪽

원단   몸판 45×30 1장, 소매 29×10 1장, 목 시보리 17.5×3 1장, 밑단 시보리 29×3 1장
부자재   스냅단추(지름 0.5cm) 3쌍, 미키 접착전사지 1개

How to Make

01
앞판 패턴을 그린 후 전체 시접을 0.7cm 주어 재단합니다. 접착전사지의 뒷면을 제거한 후 앞판 중심에 놓습니다.

02
다리미의 열을 가해서 앞판에 부착시켜요.

03
뒤판 패턴을 그린 후 뒤 중심 시접은 1cm, 나머지는 시접을 0.7cm를 주어 재단합니다. 앞판 어깨의 겉면과 뒤판 어깨의 겉면을 서로 맞대고 시침핀으로 고정시켜요.

04
홈질로 앞판의 어깨와 뒤판의 어깨를 서로 연결해주세요.

05
소매는 전체 시접을 0.7cm 주어 재단합니다. 암홀라인에 소매산의 중심과 어깨의 중심을 먼저 맞춰 고정시킨 후 소매의 나머지 부분은 암홀라인을 따라 맞추면서 시침핀을 꼼꼼히 꽂아주세요.

06
홈질로 암홀라인에 소매를 부착해주세요.

07
양쪽 암홀라인에 소매를 달아준 모습이에요.

08
목 시보리와 밑단 시보리는 시접 없이 재단한 후 반으로 접어 다리미로 다려줍니다.

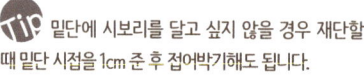

Tip 밑단에 시보리를 달고 싶지 않을 경우 재단할 때 밑단 시접을 1cm 준 후 접어박기해도 됩니다.

09
목둘레의 겉면에 시보리를 맞춰 시침핀을 꽂아주세요.

10
홈질로 목 시보리를 달아준 후 시접을 안쪽으로 꺾어주세요.

11
옆선과 소매를 잘 맞추어서 시침핀을 꽂은 후 소매부터 옆선까지 홈질로 연결해요.

12
밑단의 겉면에 밑단 시보리를 잘 맞춰 시침핀을 꽂아주세요. 홈질로 밑단 시보리를 달아준 후 시접을 안쪽으로 꺾어주세요.

13
뒤판 뒤 중심의 시접을 접어서 시침핀으로 고정시켜요.

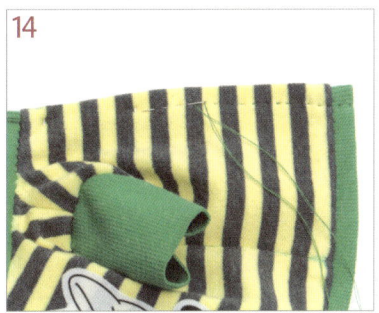

14
홈질해요.

15
뒤 중심을 바느질한 모습이에요.

16
소매 끝단의 시접을 접어서 시침핀으로 고정시킨 후 홈질해요.

17
소매 끝단을 바느질한 모습이에요.

18
뒤 중심에 스냅단추를 달아 완성해요.

민소매 노랑 티셔츠

실물 크기 도안 202, 204쪽

원단 앞판/뒤판 17×38 1장, 목 시보리 19.4×2 1장, 암홀라인 시보리 10×2 2장
부자재 스냅단추 3쌍, 염색용 색지 1장

How to Make

01
앞판을 재단해서 준비하세요.

Tip 밑단 시접 0.7cm, 나머지 시접 0.5cm

02
염색용 색지와 연필, 자, 작은 가위를 준비하세요.

03
염색용 색지에 알파벳 B를 그려서 오려요.

04
앞판의 겉면에 오려준 알파벳의 색깔 부분을 맞대줍니다.

05
다리미의 열을 가해서 꾹 눌러준 후 열이 식으면 종이를 천천히 떼어냅니다.

06
뒤판을 재단해서 준비하세요.

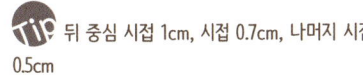
Tip 뒤 중심 시접 1cm, 시접 0.7cm, 나머지 시접 0.5cm

07
앞판과 뒤판의 어깨 부분을 겉면끼리 맞대고, 옆선을 맞추어 시침핀으로 고정시켜요.

08
어깨를 먼저 홈질한 후 옆선을 홈질해요.

09
앞판과 뒤판을 연결한 모습이에요.

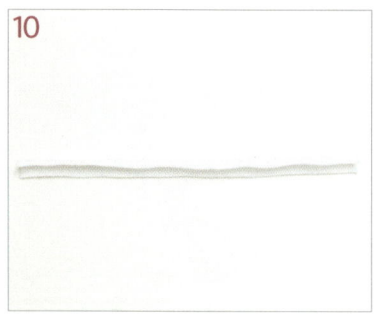

목 시보리는 반으로 접어서 다려주세요.

목둘레 겉면에 시보리를 맞대고 시침핀으로 고정시켜요.

홈질해서 시보리를 달아주고, 시접은 안면 쪽으로 꺾어 다려 정리해주세요.

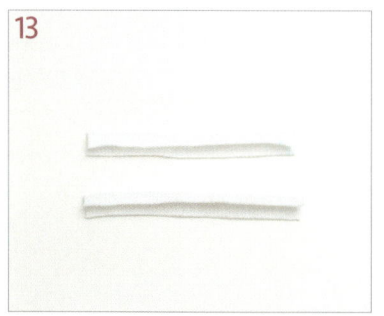

암홀라인 시보리는 반을 잘라주고, 각각의 시보리는 반을 접어서 다려주세요.

반을 접어서 시침핀으로 고정시킨 후 홈질해서 원형으로 만들어주세요.

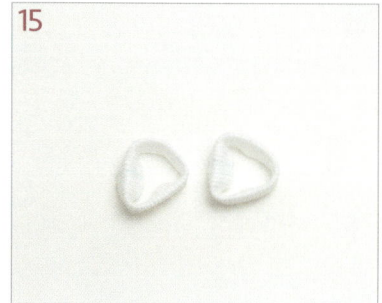

다시 반을 접어요.

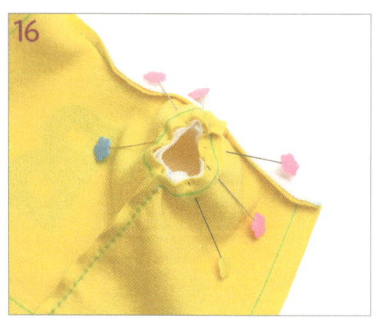

암홀라인의 겉면과 시보리를 맞대고 시침핀으로 고정시켜요.

암홀라인을 홈질해요.

암홀라인에 시보리를 달아준 모습이에요.

19
밑단의 시접을 접어서 홈질해요.

20
밑단을 홈질한 모습이에요.

21
뒤 중심의 시접을 접어서 홈질해요.

22
뒤 중심을 홈질한 모습이에요.

23
뒤 중심에 스냅단추를 달아요.

24
완성.

민소매 레드 스트라이프 티셔츠

실물 크기 도안 205쪽

원단 앞판/뒤판 15×36 1장
부자재 갈색 펠트지 5×7 1장, 흰색 펠트지 5×5 1장, 구슬 2개, 스냅단추 2쌍

How to Make

01

갈색 펠트지와 흰색 펠트지에 각각 아이스크림 도안을 그려서 오립니다.

02

사선으로 그린 후 노랑 색실로 홈질해요.

03

구슬을 달아 눈을 표현하고, 입은 빨강 색실로 박음질하고, 볼터치는 분홍 색실로 길게 짧게 홈질해요.

04

앞판 밑단의 시접은 1cm, 나머지는 시접을 0.7cm 주어 재단합니다. 앞판 중심 부분에 아이스크림 펠트지를 놓습니다.

05

갈색 펠트지부터 시침핀을 고정시켜요. 노랑 색실로 홈질하여 부착해주세요.

06

흰색 펠트지도 갈색 펠트지 위에 놓은 후 시침핀으로 고정시켜요.

07

노랑 색실로 홈질하여 부착해요.

08

뒤판은 밑단과 뒤 중심의 시접은 1cm, 나머지는 시접을 0.7cm 주어 재단합니다. 뒤 중심의 시접을 접어서 다려주세요.

09

뒤 중심의 시접을 홈질해요.

10 뒤 중심의 시접을 홈질한 모습이에요.

11 앞판과 뒤판의 어깨 부분을 겉면끼리 맞대고 시침핀으로 고정시켜요.

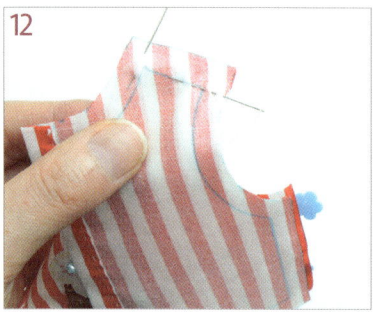

12 어깨선을 홈질해요.

13 앞판과 뒤판의 옆선을 잘 맞추어서 시침핀으로 고정시켜요.

14 홈질로 옆선을 연결해요.

15 목둘레는 가위집을 내준 후 시접을 반씩 2번 접어서 홈질해요.

16 암홀라인도 가위집을 내준 후 접어서 시침핀으로 고정시켜요. 암홀라인을 바느질한 모습이에요.

17 밑단은 0.5cm씩 2번 접어 홈질해요.

18 뒤 중심에 스냅단추를 달아 완성해요.

민소매 탑

실물 크기 도안 206쪽

원단 앞판/뒤판 30×27 1장, 시보리 50×10 1장
재단 앞판 1장, 뒤판 2장, 목 시보리 1장, 암홀라인 시보리 2장, 밑단 시보리 1장
부자재 스냅단추 3쌍

How to Make

01

앞판과 뒤판을 재단해서 준비해주세요.

Tip 뒤판 뒤 중심의 시접은 1cm, 그 외 앞판과 뒤판의 나머지 부분은 시접 0.5cm로 재단하기

02

앞판과 뒤판의 어깨 부분을 겉면끼리 맞대고 시침핀으로 고정시킨 후 홈질해요.

03

어깨를 연결한 모습이에요.

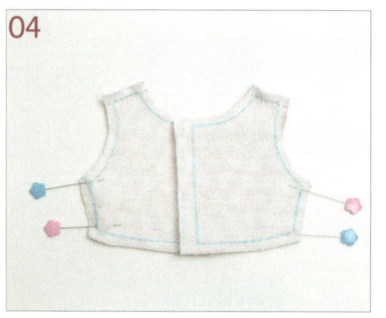

04

옆선을 맞춰 시침핀으로 고정시켜요.

05

옆선을 연결한 모습이에요.

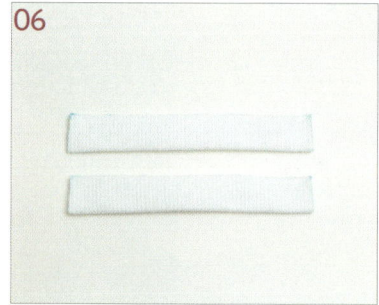

06

암홀라인 시보리를 반으로 접어서 다려주세요.

Tip 시보리는 시접 없이 재단하기

07

반을 접어서 접지 않은 쪽을 0.5cm 간격으로 띄우고 홈질해요.

08

처음 반을 접었던 부분을 다시 접어주세요.

09

암홀라인의 겉면에 시보리를 맞대고 시침핀으로 고정시킨 후 홈질해요.

10

암홀라인에 시보리를 달아준 모습이에요.

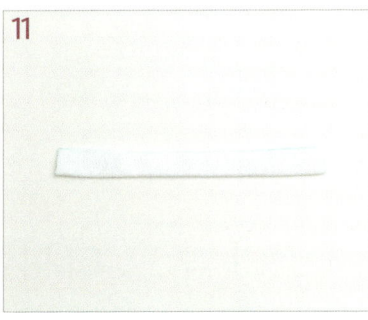

11

목 시보리를 반으로 접어서 다려주세요.

12

목둘레 겉면에 시보리를 맞대고 시침핀으로 고정시킨 후 홈질하고, 시접은 안면 쪽으로 꺾어주세요.

13

목 시보리를 달아준 모습이에요.

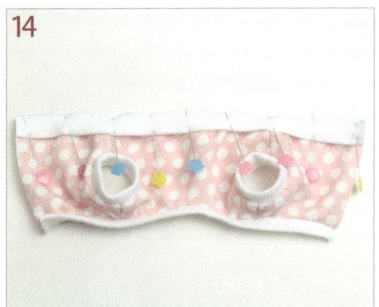

14

밑단 시보리는 반으로 접어서 밑단 겉면에 맞대고 시침핀으로 고정시킨 후 홈질하고, 시접은 안면 쪽으로 꺾어주세요.

15

밑단 시보리를 달아준 모습이에요.

16

뒤 중심의 시접을 접어서 홈질해요.

17

뒤 중심에 스냅단추를 달아 완성해요.

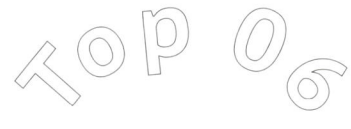

색색스타 후드 티셔츠

실물 크기 도안 207~209쪽

원단　앞판/뒤판/후드 겉감 36×40 1장,
후드 안감/소매/주머니 45×29 1장, 밑단 시보리 26×3.5 1장
부자재　스냅단추 3쌍

How to Make

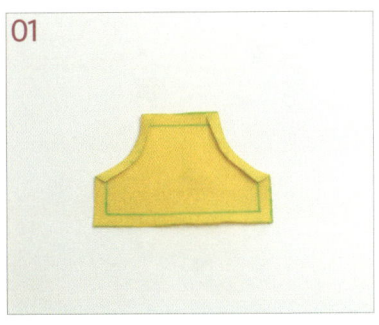

01

주머니는 전체 시접을 0.7cm 주어 재단한 후 라운드 부분을 접어서 다려주세요.

02

빨강 색실로 접어준 부분을 홈질해요.

03

주머니의 양옆과 위아래 시접을 접어주세요.

04

앞판은 전체 시접을 0.7cm 주어 재단해요. 그다음 앞판 중심 부분 아래에서 3.2cm 올라온 위치에 주머니를 놓고 시침핀으로 고정시켜요.

05

위아래, 양옆을 홈질하여 주머니를 앞판에 부착시켜요.

06

뒤판은 뒤 중심 시접은 2cm, 나머지는 시접을 0.7cm 주어 재단한 후, 뒤 중심의 시접을 1cm씩 2번 접어 다려주세요.

07

접어준 시접 부분을 홈질해요.

08

앞판과 뒤판의 어깨 부분을 겉면끼리 맞대고 시침핀으로 고정시켜요.

09

어깨를 홈질하여 앞판과 뒤판의 어깨를 연결해주세요.

암홀라인에 소매산의 중심과 어깨의 중심을 먼저 맞춰 고정시킨 후 소매의 나머지 부분은 암홀라인을 따라 맞추면서 시침핀을 꼼꼼히 꽂아주세요.

 소매는 전체 시접을 0.7cm 주어 재단하세요.

소매의 시접 부분을 홈질해요.

소매를 달아준 모습이에요.

앞판과 뒤판은 겉면끼리 마주하도록 소매부터 옆선을 맞추어 시침핀으로 고정시킨 후 홈질해요.

앞판과 뒤판을 연결한 모습이에요.

소매 끝단의 시접을 접어서 홈질해요.

밑단 시보리를 반으로 접어 다려주세요.

 시보리는 시접 없이 재단하기

밑단의 겉면에 시보리를 맞대고 시침핀으로 고정시킨 후 홈질하고, 시접은 안면 쪽으로 꺾어주세요.

밑단에 시보리를 연결한 모습이에요.

19
시보리를 연결해준 부분 겉면 쪽에서 빨간 실로 홈질해요.

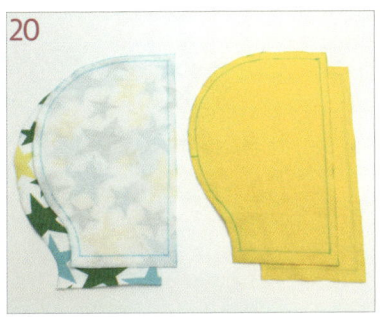

20
겉감과 안감 각각 2장씩 후두 패턴을 준비해요. 겉감과 안감의 시접은 아랫부분은 1cm, 나머지는 시접을 0.7cm 주어 재단해요.

21
겉감 후드 2장을 겉면끼리 맞대고, 곡선 부분을 시침핀으로 고정시킨 후 홈질해요.

22
후드 안감도 21과 같은 방법으로 바느질해서 준비해주세요.

23
후드의 겉감과 안감을 겉면끼리 맞대고 시침핀으로 고정시킨 후 그 아랫부분을 홈질해요.

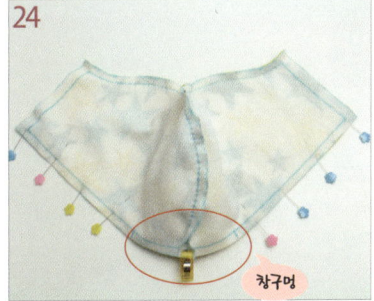

24
반대쪽 면에도 시침핀을 꽂고, 시침핀을 꽂아준 부분에 창구멍을 표시한 후 창구멍을 제외하고 홈질해요.

25
창구멍만 남기고 바느질한 모습이에요.

26
겉면으로 뒤집은 후 창구멍을 정리해주세요.

27
창구멍은 공그르기로 마무리해주세요.

28
후드의 위아래 부분은 겉면 쪽에서 한 번 더 홈질해요.

29
몸판의 목둘레 겉면에 후두의 겉면을 맞대고 고정시켜요.

30
홈질로 몸판과 후드를 연결해주세요.

31
후드와 몸판을 연결한 부분의 시접은 몸판 쪽으로 꺾어서 겉면에서 홈질해요.

32
몸판과 후드를 부착한 모습이에요.

33
뒤 중심에 스냅단추를 달아 완성해요.

소매셔링 블라우스

실물 크기 도안 210~211쪽

원단 앞판/뒤판/안단 30×42 1장
부자재 고무실 23cm, 스냅단추 3쌍

How to Make

앞판은 전체 시접을 0.7cm 주어 1장, 뒤판은 뒤 중심 시접을 1.5cm 주어 2장을 재단해서 준비해요.

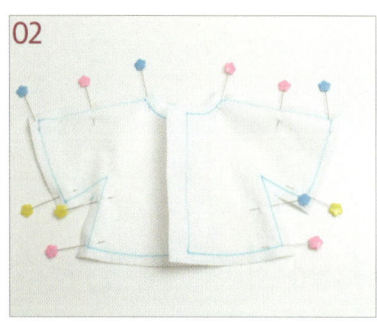

앞판과 뒤판을 겉면끼리 맞대고 시침핀으로 고정시켜요.

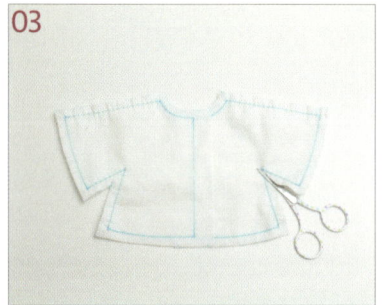

어깨선과 소매 아래부터 옆선까지 홈질해서 연결하고 암홀 부분에 가위집을 내주세요.

겉면으로 뒤집어서 정리합니다.

안단은 시접 없이 재단해요. 안단의 겉면과 몸판의 겉면을 서로 맞대고 시침핀으로 고정시켜요.

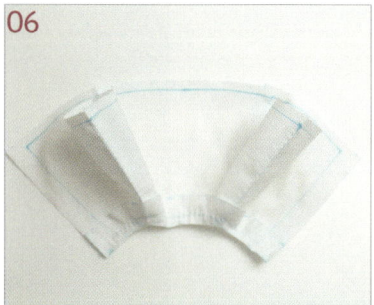

목둘레에서 0.7cm 아랫부분을 홈질해요.

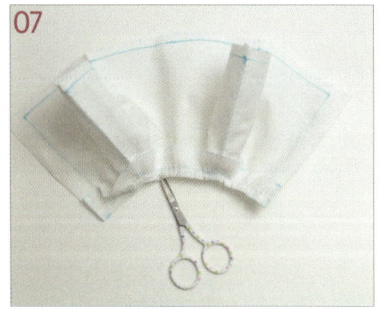

시접에 가위집을 내주세요.

안단은 안쪽으로 꺾어 다려서 정리해주세요.

겉면에서 목둘레 부분을 홈질로 상침해요.

뒤 중심의 시접은 0.75cm씩 2번 접어서 홈질해요.

뒤 중심의 시접을 바느질한 모습이에요.

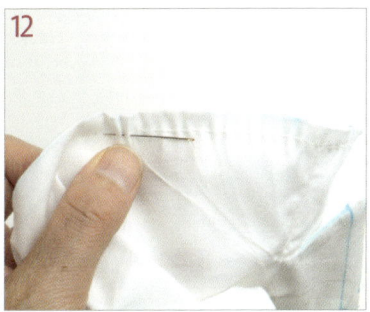

밑단의 시접을 접어서 홈질해요.

밑단을 바느질한 모습이에요.

소매 끝단의 시접을 접어서 홈질해요.

고무실을 준비해요.

소매에 고무실로 홈질하여 셔링을 잡아주세요.

소매에 셔링을 잡아준 모습이에요.

뒤 중심에 스냅단추를 달아 완성해요.

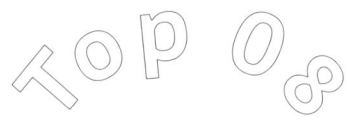

어깨프릴 블라우스

실물 크기 도안 212쪽

원단　앞판/뒤판 48×35 1장
재단　앞판 1장, 뒤판 2장, 프릴감 26×3.5 2장, 바이어스 15×3 2장, 안단 1장
부자재　스냅단추 3쌍

How to Make

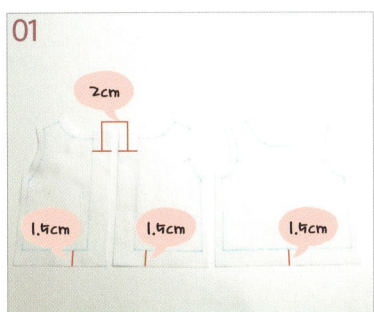

01
앞판과 뒤판을 원단에 그린 후 밑단은 1.5cm, 뒤판의 뒤 중심은 2cm, 나머지 부분은 0.7cm 시접을 주고 재단하세요.

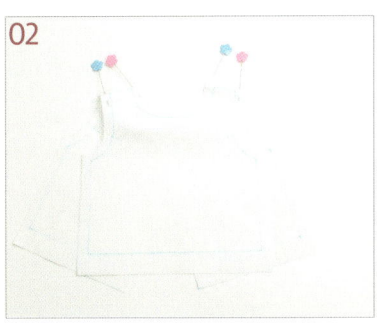

02
앞판과 뒤판의 어깨 부분을 겉면끼리 맞대고 시침핀으로 고정시킨 후 홈질해요.

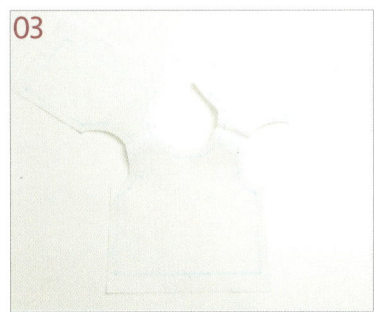

03
앞판과 뒤판의 어깨선을 연결한 모습이에요.

04
어깨선의 시접은 뒤판 쪽으로 꺾어서 홈질해요.

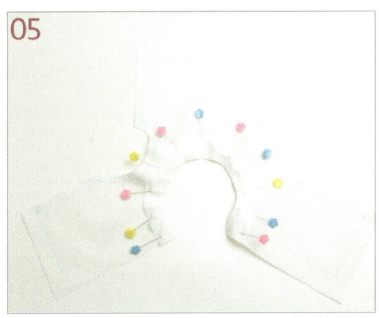

05
안단의 겉면과 목둘레 겉면을 서로 맞대고 시침핀으로 고정시켜요.

06
홈질로 안단을 바느질해요.

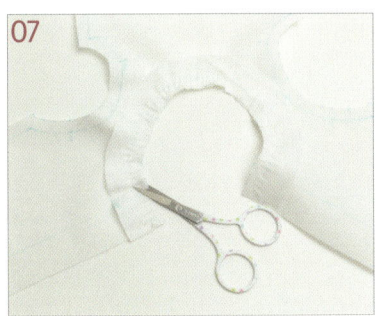

07
시접에 가위집을 내주세요.

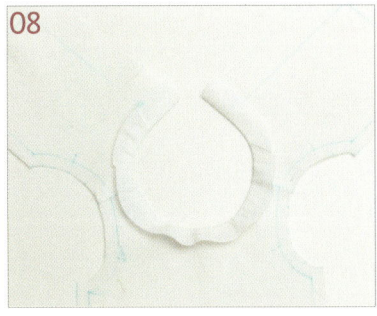

08
안단은 안면 쪽으로 접어 다려서 정리해주세요.

09
겉면에서 목둘레 시접 0.5cm 부분에 홈질해 주세요.

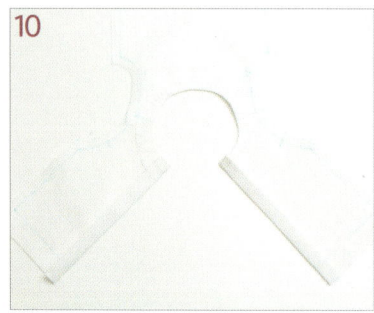
뒤 중심의 시접은 1cm씩 2번 접어주세요.

홈질해요.

어깨프릴감을 준비해요.

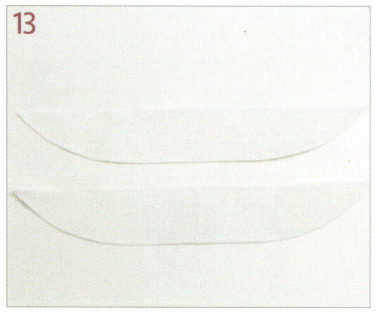
곡선 부분의 시접을 접어서 홈질해요.

홈질로 프릴을 만들어주세요.

어깨선의 겉면과 프릴의 겉면을 맞대고 시침핀으로 고정시켜요.

홈질로 프릴을 어깨선에 달아주세요.

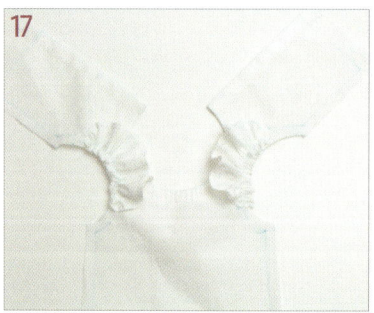
프릴을 달아준 모습이에요.

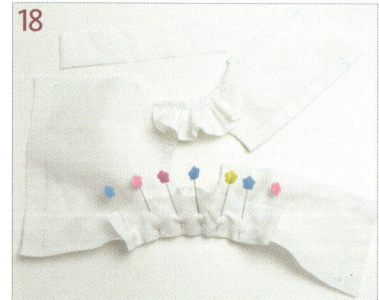
프릴의 안면과 바이어스의 겉면을 맞대고 시침핀으로 고정시켜요.

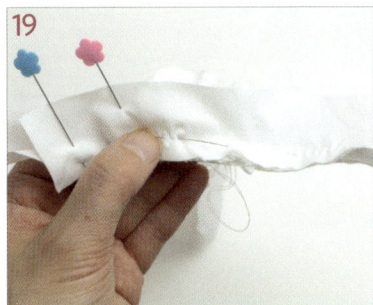

홈질로 바이어스를 바느질해주세요.

바이어스를 접어서 시침핀으로 고정시켜요.

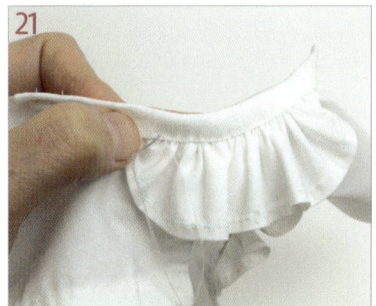

접은 부분을 홈질해요.

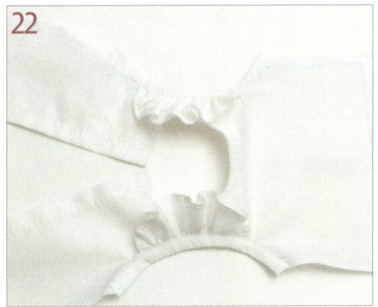

바이어스로 감싸준 모습이에요.

앞판과 뒤판의 옆선을 겉면끼리 맞대고 시침핀으로 고정시켜요.

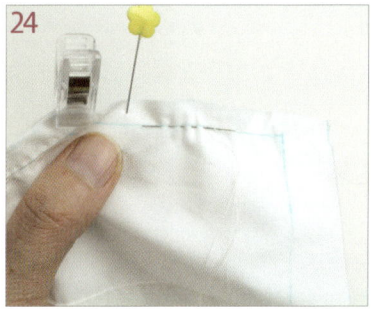

옆선을 홈질해요.

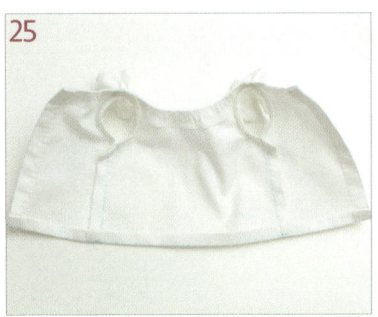

밑단의 시접은 0.5cm씩 2번 접어 다려주세요.

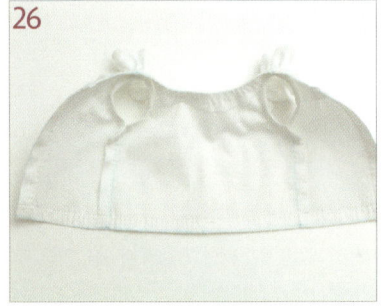

밑단을 홈질로 바느질해주세요.

뒤 중심에 스냅단추를 달아 완성해요.

오프숄더 블라우스

실물 크기 도안 213~214쪽

원단 45×37
재단 앞판 1장, 뒤판 2장, 소매 2장, 안단 1장
부자재 레이스 50cm, 스냅단추 3쌍

How to Make

01

앞판과 소매를 재단해서 준비하세요.

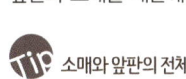
소매와 앞판의 전체 시접 0.5cm

02

뒤판을 재단해서 준비하세요.

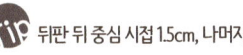
뒤판 뒤 중심 시접 1.5cm, 나머지 시접 0.5cm

03

앞판의 어깨와 소매의 어깨를 겉면끼리 맞대고 시침핀으로 고정시켜요.

04

앞판에 소매 한쪽을 연결한 모습이에요.

05

뒤판의 어깨와 나머지 소매 한쪽을 연결해주세요.

06

앞판과 뒤판은 서로 겉면이 마주하게 소매 밑단부터 옆선까지 잘 맞추어 시침핀으로 고정시켜요.

07

소매 밑단과 옆선을 연결한 모습이에요.

08

소매 밑단의 시접을 접어서 홈질해요.

09

소매 밑단을 바느질한 모습이에요.

안단의 겉면과 목둘레의 겉면을 서로 맞대고 시침핀으로 고정시킨 후 시접을 홈질로 바느질해주세요. 안단을 안쪽으로 꺾어서 다려주세요.

레이스의 한쪽 시접을 다려주세요.

접어준 곳을 홈질해요.

12에서 홈질한 부분 살짝 밑에 홈질을 하여 주름을 잡아주세요. 레이스의 주름을 잡아준 모습이에요.

목둘레 겉면에 레이스의 안면을 뒤판 시접선까지 맞추고 시침핀으로 고정시켜요.

홈질해서 레이스를 달아주세요.

밑단의 시접을 접어서 홈질해요.

뒤 중심에 스냅단추를 달아 완성해요.

완성.

핀턱 블라우스

실물 크기 도안 215쪽

원단 30×42
재단 앞판 1장, 뒤판 2장, 안단 1장, 소매 2장
부자재 스냅단추 3쌍

How to Make

01
앞판의 모든 시접은 0.5cm를 주어 재단하고, 앞판에 핀턱주름 선을 그려주세요.

02
앞 중심을 기준으로 양옆으로 접어가며 핀턱 주름을 만들어요.

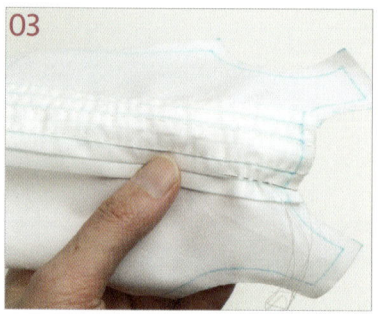

03
접어준 부분을 홈질해요.

04
뒤판은 뒤 중심 시접은 1cm, 나머지 시접은 0.5cm를 주어 재단한 후, 앞판과 뒤판의 어깨선을 겉면끼리 맞대고 시침핀으로 고정시켜요.

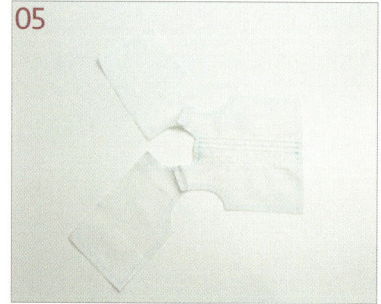

05
어깨선 시접은 가름솔로 펴주세요.

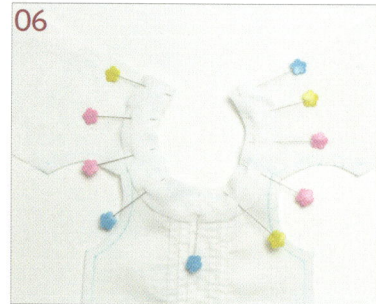

06
안단은 시접 없이 재단한 후, 목둘레 겉면에 안단의 겉면을 맞대고 시침핀으로 고정시켜요.

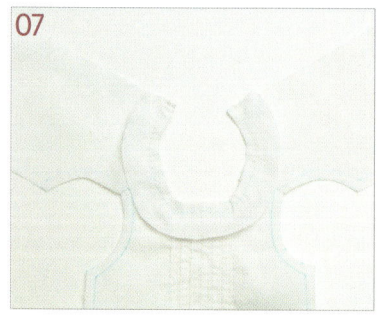

07
홈질해서 안단을 달아줍니다.

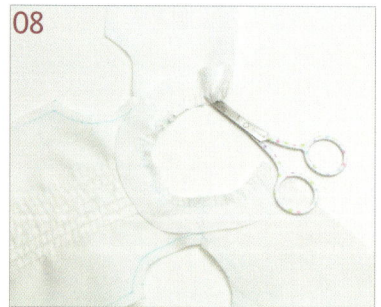

08
시접에 가위집을 내주세요.

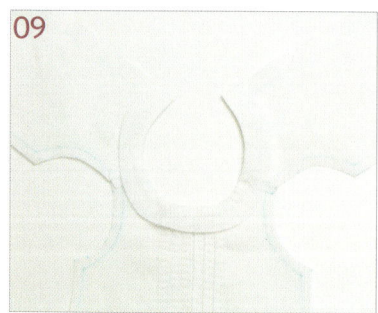

09
안면으로 안단을 접어서 다려주세요.

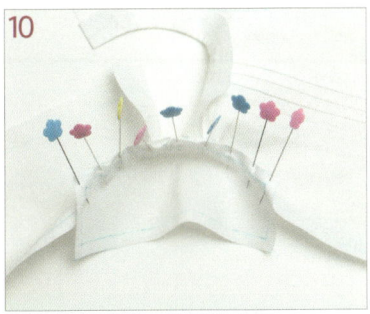

10
소매는 모든 시접을 0.5cm 주어 재단한 후, 암홀라인 겉면에 소매 겉면을 맞대고 시침핀으로 고정시켜 홈질해주세요.

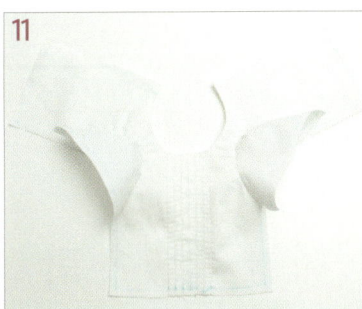

11
소매를 달아준 모습이에요.

12
앞판과 뒤판은 서로 겉면이 마주하게 소매 밑부분과 옆선을 잘 맞대고 시침핀으로 고정시켜요.

13
소매 밑부분과 옆선을 연결해서 홈질해요.

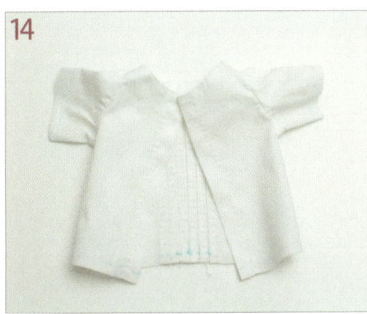

14
뒤 중심의 시접을 접어서 홈질해요.

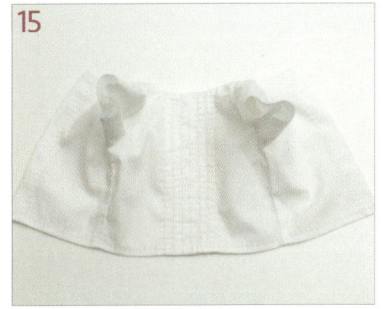

15
밑단의 시접을 접어서 홈질해요.

16
소매 끝단을 안으로 접어서 홈질해요.

17
뒤 중심에 스냅단추를 달아 완성해요.

하늘 캐미솔 탑

실물 크기 도안 216쪽

원단 앞판/뒤판 28×21, 어깨끈 바이어스 36×2 2장
재단 앞판 1장, 뒤판 1장

How to Make

01

앞판과 뒤판의 암홀라인은 시접 없이, 옆선/밑단/윗부분은 시접 0.7cm를 주고 재단해요. 앞판과 뒤판의 중심 부분에 맞주름을 접어주고 시접 0.7cm를 접어서 시침핀으로 고정시켜요.

02

홈질해요.

03

윗부분을 홈질한 모습이에요.

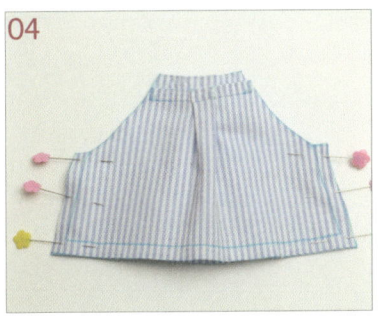

04

앞판과 뒤판은 서로 겉면끼리 맞대고, 옆선에 시침핀을 꽂아서 고정시킨 후 옆선을 홈질해요.

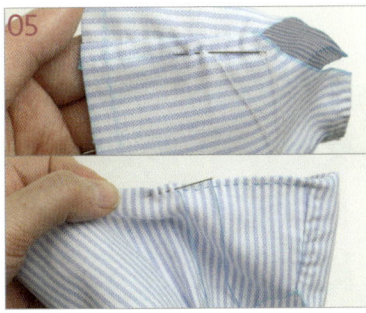

05

시접은 뒤판 쪽으로 꺾어서 홈질해요. 밑단을 접어서 홈질해요.

06

몸판과 어깨끈 바이어스는 4등분해서 접어 다려주고, 끈의 양끝은 안으로 접어 정리해서 준비합니다.

07

암홀라인의 안면 중심과 바이어스의 겉면 중심을 먼저 맞추고, 나머지는 암홀라인에 맞추어 시침핀으로 고정시켜요.

08

홈질로 바이어스를 달아줍니다. 겉면 쪽으로 바이어스를 접어준 후 시침핀으로 고정시켜요.

09

바이어스의 가장자리를 홈질해서 완성합니다.

트레이닝 집업

실물 크기 도안 217~219쪽

원단   60×40 1장, 시보리 47×9 1장
재단   앞판 2장, 뒤판 1장, 소매 2장, 안단 1장, 목 시보리 1장, 소매 시보리 2장, 밑단 시보리 1장
부자재   지퍼 15cm

How to Make

01

앞판 2장과 뒤판 1장은 모든 시접을 0.5cm 주어 재단해 준비해주세요.

02

앞판과 뒤판의 어깨 부분을 겉면끼리 맞대고 홈질해요.

03

소매는 소매 끝단은 시접 없이, 나머지는 전체 시접을 0.5cm 주어 재단해요.

04

어깨선과 소매 중심을 겉면끼리 맞대어 먼저 고정시키고, 소매의 나머지 부분은 암홀라인을 따라 시침핀으로 고정해주세요.

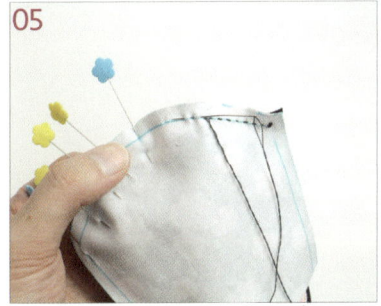

05

소매를 홈질해요.

06

소매를 달아준 모습이에요.

07

앞판과 뒤판의 겉면이 마주하도록 소매와 옆선을 잘 맞추어 시침핀으로 고정시켜요.

08

소매 밑단부터 옆선까지 연결해서 홈질해요.

09

목 시보리를 반으로 접어주세요.

목 시보리는 앞판의 시접선까지만 목둘레 겉면에 잘 맞추어 고정시킨 후 시접의 중심을 홈질해요. 안단이 한 번 더 덧대지기 때문에 시보리는 중심을 홈질해요.

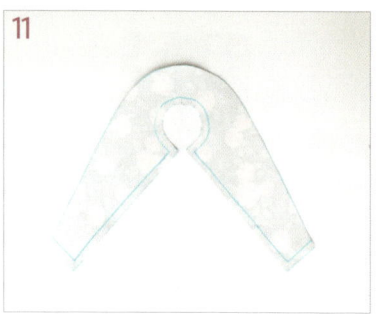

안단은 전체 시접을 0.5cm 주어 재단하세요.

안단을 맞대고 고정시킨 후 고정시킨 부분을 홈질해요.

안단의 앞 중심과 앞판의 앞 중심의 시접을 접어서 다려주세요.

지퍼를 꺾어서 ㄱ자를 만들어주세요.

안단과 앞판의 앞 중심 사이에 지퍼를 끼워 넣어주세요.

지퍼를 고정시켜요.

홈질해요.

앞 중심에 지퍼를 달아준 모습이에요.

19 소매 시보리를 정리해서 준비해주세요.

20 소매 끝단의 겉면에 시보리를 맞대고 고정시킨 후 홈질해주세요.

21 소매 시보리를 달아주고 시보리 시접을 안쪽으로 꺾어서 정리해준 모습이에요.

22 밑단의 시보리는 반을 접고, 반을 기준으로 위아래 0.5cm씩 안으로 접어주세요.

23 밑단 시보리의 처음 시작 부분을 접어서 밑단의 지퍼 옆면과 맞추어 고정해나갑니다.

24 밑단에 시보리를 맞추어 고정한 모습이에요.

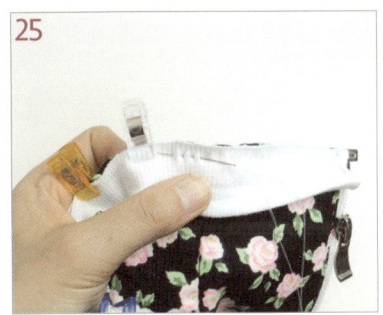

25 밑단의 0.5cm 부분을 홈질해요.

26 나머지 시보리를 겉면 쪽으로 접어서 정리해 고정시켜요.

27 홈질해서 마무리합니다.

조끼

실물 크기 도안 204쪽

원단 35×25 2장
부자재 작은 단추 2개

How to Make

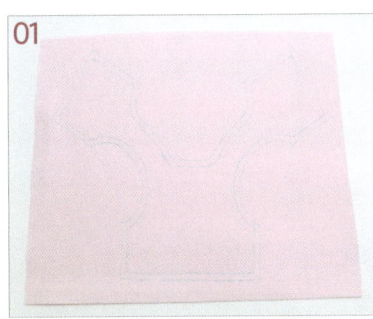

01
원단 2장을 겉면끼리 겹친 후 앞판 2장과 뒤판 1장의 어깨선을 연결해서 그려주고 전체 시접은 0.5cm를 그려주세요.

02
밑단을 제외한 암홀라인과 뒤 중심에서 목둘레까지 연결해서 홈질해요.

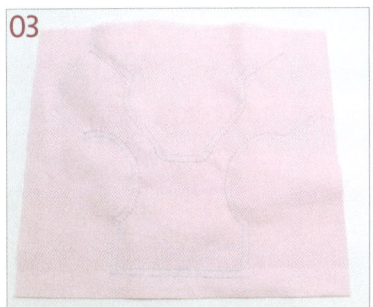

03
홈질한 모습이에요.

04
시접을 남기고 잘라주세요.

05
시접의 곡선 부분들은 모두 가위집을 내주세요.

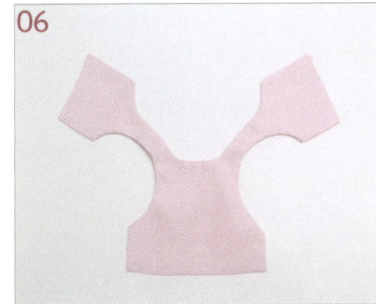

06
겸자를 이용해 밑단에서 뒤집어서 정리해주세요.

07
앞판, 뒤판의 옆선을 서로 겉면끼리 맞대고 시침핀으로 고정시켜요.

08
옆선을 홈질해요.

09
옆선을 바느질한 모습이에요.

양 옆선을 바느질한 모습이에요.

밑단의 시접을 접어서 맞댄 후 시침핀으로 고정시켜요.

뒤판의 밑단을 시작으로 겉면 쪽에서 전체 둘레를 홈질하고, 암홀라인도 홈질해주세요.

조끼 전체 둘레를 홈질한 모습이에요.

앞쪽에 단추를 달아 완성해요.

Bottom

래빗 포켓 반바지 · 레드 스트라이프 칠부 레깅스 · 멜빵 셔링 반바지 · 배기 청바지

트레이닝 반바지 · 트레이닝 칠부바지 · 허리밴드 일자바지 · 맞주름 노랑 스커트

멜빵 프릴 스커트 · 미니스커트 · 테니스 스커트 · 허리프릴 스커트

Styling Tip
Bottom

래빗 포켓 반바지

실물 크기 도안 221쪽

원단 앞판/뒤판 23×18 2장
부자재 허리고무줄(폭 1cm) 21cm, 펠트지 5×5 1장, 검정 구슬 3개

How to Make

01
앞판과 뒤판을 패턴을 대고 그린 후 허리 부분 시접은 2.5cm, 밑단 시접은 1cm, 나머지는 시접을 0.7cm 주어 재단해요. 앞판과 뒤판을 서로 겉면끼리 맞댄 후 시침핀을 꽂아주세요.

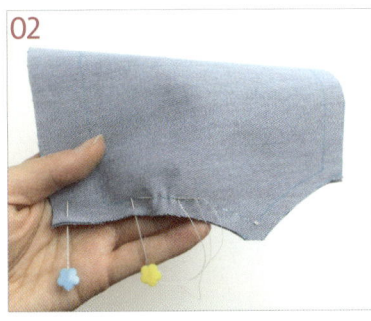

02
긴 쪽 양옆을 홈질해요.

03
양옆의 긴 부분을 바느질한 모습이에요.

04
3에서 바느질한 부분끼리 서로 맞대어 밑아래 솔기를 시침핀으로 꽂아주세요.

05
시침핀을 빼가면서 홈질해요.

06
바지를 뒤집어서 겉면이 보이게 놓고 밑단을 0.5cm씩 2번 접어서 시침핀으로 고정시켜요.

07
밑단을 홈질해요.

08
밑단을 바느질한 모습이에요.

 색실로 바느질해주면 포인트가 된답니다.

09
펠트지에 토끼 얼굴 도안을 대고 그린 후 눈, 코에 검정 구슬을 달아주고 입은 길게 한 번 바느질해줍니다.

앞쪽에 토끼 얼굴을 놓고 시침핀으로 고정시킨 후 홈질해요.

Tip 토끼의 눈썹과 코, 토끼 얼굴 가장자리는 실을 4겹으로 해서 좀 더 두꺼운 땀수로 표현해요.

허리는 시접을 반씩 2번을 접은 후 창구멍을 남기고 홈질해요. 이때 실은 끊지 않아요.

창구멍으로 고무줄을 넣어주세요.

고무줄의 처음과 끝부분은 서로 겹쳐주세요.

사각형 모양으로 홈질해주고 나머지 창구멍을 홈질해서 완성합니다.

완성.

레드 스트라이프 칠부 레깅스

실물 크기 도안 221쪽

원단 22×20 2장
부자재 허리고무줄 20cm

How to Make

01 원단은 겉면끼리 맞대고 패턴을 대고 그린 후 윗부분을 제외한 전체 시접을 0.7cm 그려주고. 바느질할 부분을 시침핀으로 고정시켜요.

02 01에서 시침핀으로 고정시킨 부분의 완성선을 홈질해요.

03 시접선을 따라서 재단해주세요.

04 03에서 바느질한 부분을 서로 맞대고 밑위를 시침핀으로 고정시켜요.

05 좀 더 바늘땀이 촘촘하게 바느질해주세요.

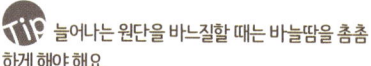

Tip 늘어나는 원단을 바느질할 때는 바늘땀을 촘촘하게 해야 해요.

06 바느질한 모습이에요.

07 겉면으로 뒤집어서 바지 밑단의 시접을 안으로 접어서 홈질해요.

08 밑단을 홈질한 모습이에요.

09 허리의 시접을 0.5cm 접고, 1cm를 한 번 더 접어서 고무줄이 들어갈 창구멍을 남겨주고 홈질해요.

창구멍으로 고무줄을 넣어주세요.

서로 맞닿는 고무줄을 겹쳐서 사각형으로 홈질해서 이어주세요.

창구멍을 홈질로 마무리해서 완성해요.

멜빵 셔링 반바지

실물 크기 도안 222쪽

원단   몸판 앞판/뒤판, 바지 앞판/뒤판 30×22 1장, 허릿단 28×3.5 2장, 어깨끈 16.5×4 2장, 주머니 12×5 2장
부자재   단추 2개, 고무실 20cm

How to Make

01
몸판은 전체 시접을 0.7cm씩 주어 2장을 재단한 후, 겉면끼리 맞대고 시침핀으로 고정시켜요.

02
밑단을 제외한 나머지 둘레를 홈질해요.

03
뒤집어서 다려주세요.

04
빨강 색실로 밑단을 제외한 가장자리를 홈질해요.

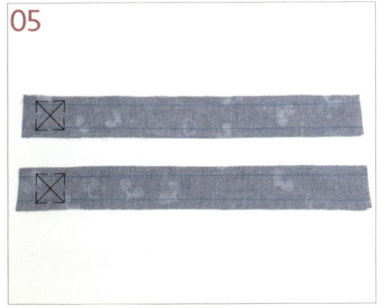

05
28×3.5cm로 재단한 허릿단 2장을 준비하고, 각각 위아래 시접을 0.7cm씩 그려 놓아요.

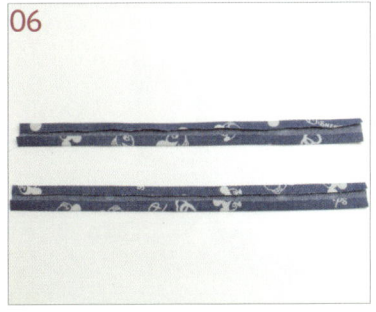

06
표시한 시접만큼 접어서 다려주세요.

07
겉면으로 반을 접어서 끝부분 시접 0.7cm 부분에 홈질해요.

08
겉면끼리 맞댄 허릿단 2장 사이에 몸판을 놓고 시침핀으로 고정시켜요.

09
16.5×4cm로 재단한 어깨끈을 4등분으로 접어서 다려주고, 한쪽 면만 안쪽으로 접어 넣어 주세요.

10

어깨끈은 각각 위아래를 빨강 색실로 홈질해요.

11

뒤편 허릿단 연결 부분을 중심으로 양옆으로 2cm 떨어진 부분에 어깨끈을 고정시켜요.

12

아랫부분을 홈질해요.

13

허릿단을 겉면으로 뒤집어서 시접을 정리해주세요.

14

허릿단의 윗부분을 빨강 색실로 홈질해요.

15

홈질한 모습이에요.

16

바지 앞판과 뒤판을 그린 후 밑단 시접은 1.5cm, 나머지는 시접을 0.7cm 주어 재단해요. 서로 겉면끼리 맞대고 시침핀으로 고정시켜요.

17

긴 쪽 부분을 홈질해줍니다.

18

17에서 홈질한 부분끼리 서로 맞추어서 시침핀으로 고정시켜요.

19  홈질해요.	**20**  겉면으로 뒤집어서 뒤판의 양옆 중심에서 0.7cm씩 접어서 시침핀으로 고정시켜요.	**21**  밑으로 2cm 부분까지 홈질해요.
22  허릿단이 연결된 몸판과 바지를 준비합니다. 허릿단 사이에 바지에 그려진 시접을 맞추어서 시침핀으로 고정시켜요.	**23**  빨강 색실로 홈질해서 허릿단과 바지를 부착해주세요.	**24**  바지는 다시 뒤집어서 밑단의 시접을 기준으로 반씩 2번 접어서 시침핀으로 고정시켜요.
25  빨강 색실로 밑단을 홈질해요.	**26** 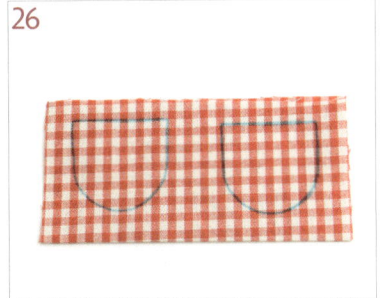 12×5cm로 재단한 주머니감은 서로 겉면끼리 맞대고 주머니 도안을 시접 없이 그려주세요.	**27**  창구멍을 남기고 둘레를 홈질해요.

28

창구멍 부분의 시접만 0.7cm, 나머지 시접은 0.3cm를 주어 잘라주세요.

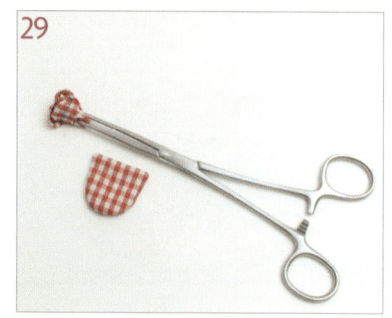

29

뒤집어서 시접을 정리해주세요.

Tip 겸자를 이용하면 작은 것도 손쉽게 뒤집기 편하답니다.

30

윗부분만 초록 색실로 홈질해요.

31

윗부분을 홈질해준 모습이에요.

32

바지 앞판에 주머니를 놓은 후 시침핀으로 고정시켜요.

33

초록 색실로 홈질해서 주머니를 부착해주세요.

34

고무실을 바늘에 끼워서 준비해요. 바지 밑단에 고무실로 셔링을 잡아줘요.

35

양쪽 바지 밑단에 셔링을 잡아준 모습이에요.

36

몸판 윗부분에 어깨끈을 맞추고 단추를 달아 연결하면 완성입니다.

배기 청바지

실물 크기 도안 223쪽

원단 21×21 2장
부자재 허리고무줄 23cm

How to Make

01
앞판과 뒤판은 허리 부분의 시접은 2.5cm, 나머지는 시접을 0.7cm를 주어 재단해요.

02
겉면끼리 서로 맞대고 바느질할 부분에 시침핀을 꽂은 후 시침핀을 꽂아준 부분을 홈질해요.

03
바느질한 부분끼리 서로 맞댄 후 시침핀으로 고정시켜요. 시침핀으로 고정한 아랫부분을 바느질해주세요.

04
뒤집어서 정리해주세요.

05
밑단을 0.7cm씩 2번 접어 올려줍니다.

바느질하지 않아요!

06
허리 부분은 시접을 기준으로 반씩 2번 접어준 후 창구멍을 제외하고 홈질해요.

07
고무줄 집게에 허리고무줄을 고정해서 준비합니다.

08
창구멍으로 고무줄을 넣어주세요.

09
서로 맞닿는 고무줄을 정리하고 창구멍을 마무리해주어 완성합니다.
(고무줄 정리 방법 66쪽 13~14번 참고)

트레이닝 반바지

실물 크기 도안 224쪽

원단　22×26 1장, 시보리 32×6 1장
재단　허리 시보리 1장, 밑단 시보리 2장

How to Make

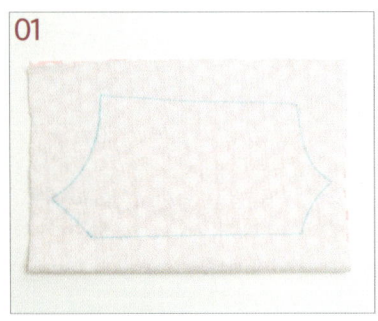

01
원단은 겉면으로 반을 접어서 바지 패턴을 그려요.

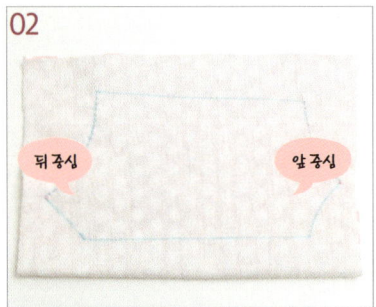

02
앞 중심과 뒤 중심을 홈질해요.

03
전체 시접을 0.5cm 주고 잘라주세요.

04
앞 중심과 뒤 중심을 서로 겉면끼리 맞대고 밑아래 솔기를 맞춰 시침핀으로 고정시켜요.

05
밑아래 솔기를 홈질한 모습이에요.

06
바지 밑단 시보리 2장은 정리하여 바지 밑단 겉면에 맞추어 고정해서 홈질해요.

07
시보리 시접을 안쪽으로 꺾어서 정리해준 모습이에요.

08
허리 시보리를 허리둘레 겉면에 맞추어 고정시킨 후 홈질해요.

09
허리 시보리 시접을 안쪽으로 꺾어서 정리해 완성해요.

트레이닝 칠부바지

실물 크기 도안 219~220쪽

원단 43×17 1장
재단 바지 2장, 바지 밑단 시보리 2장
부자재 펠트지 5×5 1장, 허리고무줄(폭 1cm) 26cm 1줄

How to Make

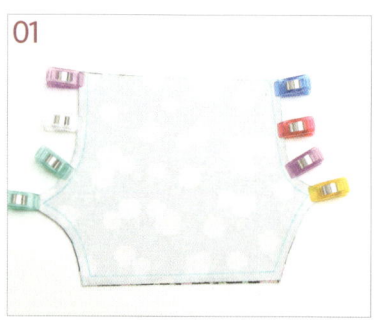

01

바지는 윗부분을 제외한 전체 시접을 0.5cm 주어 2장을 재단하고, 서로 겉면끼리 맞대고 고정시켜요.

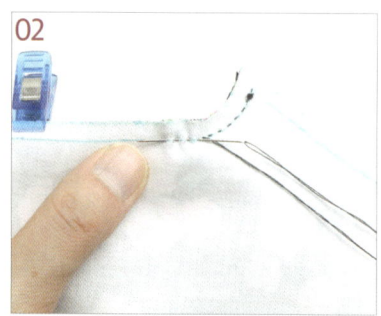

02

앞 중심과 뒤 중심을 홈질해요.

03

홈질한 모습이에요.

04

앞 중심과 뒤 중심을 서로 겉면끼리 맞대고 밑아래 솔기도 맞추어 고정시켜요.

05

밑아래 솔기를 홈질해요.

06

밑아래 솔기를 홈질한 모습이에요.

07

겉면으로 뒤집어주세요.

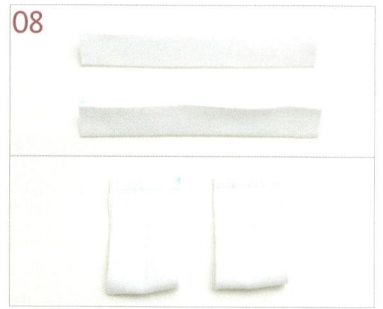

08

바지 밑단 시보리는 반으로 접어서 다려주세요. 반을 접어서 시접 0.5cm 부분에 홈질해요.

09

처음 접어 놓은 부분은 다시 접어주세요.

바지 밑단과 시보리를 겉면끼리 맞대고 고정시켜요.

시보리를 홈질하고 시접을 안쪽으로 꺾어서 정리해요.

밑단에 시보리를 달아준 모습이에요.

허리 부분의 시접을 1.2cm씩 2번 접어서 고무줄을 넣어줄 창구멍을 남기고 홈질해요.

창구멍으로 고무줄을 넣어주세요.

고무줄의 처음과 끝이 만나는 부분을 겹쳐서 사각형 모양으로 홈질해요.

창구멍을 홈질로 마무리해주세요.

펠트 주머니를 뒷면의 적당한 위치에 놓은 후 고정시켜요.

입구를 제외하고 나머지 가장자리를 홈질해서 달아주면 완성이에요.

허리밴드 일자바지

실물 크기 도안 225~226쪽

원단 52×25 1장
재단 앞판 2장 뒤판 2장, 겉주머니감 7×7 2장, 안주머니감 7×7 2장, 뒷주머니감 7×7 2장
부자재 허리 고무밴드 24cm, 빨강색 펠트지 5×5 1장

How to Make

01

앞판은 전체 시접을 0.7cm 주어 2장을 준비하고, 안주머니도 시접을 0.7cm 주어 재단해요. 앞판의 겉면과 안주머니의 겉면을 맞대고 시침핀으로 고정시켜요.

02

입구 부분을 홈질해요.

03

앞판에 안주머니를 바느질한 모습이에요.

04

시접에 가위집을 내주세요.

05

안주머니를 안면 쪽으로 꺾어 다려서 정리해 주세요.

06

안주머니와 겉주머니는 서로 겉면끼리 맞대고 시침핀으로 고정시켜요.

07

곡선 부분을 홈질해요.

08

안주머니와 겉주머니를 부착시킨 모습이에요.

09

주머니를 달아준 앞판 겉면의 모습이에요.

10 주머니를 달아준 앞판 안면의 모습이에요.

11 뒤판의 허리 부분에 다트를 접어서 시침핀을 꽂아주세요.

12 다트 부분은 2cm 내려오는 부분까지 홈질 해요.

13 다트를 홈질한 뒤판의 모습이에요.

14 앞판과 뒤판의 옆선을 서로 겉면끼리 맞대고 시침핀으로 고정시켜요.

15 옆선을 홈질해요.

16 앞판과 뒤판을 각각 맞대고 옆선을 바느질한 모습이에요.

17 옆선의 시접은 가름솔로 펴주세요.

18 시접 양옆을 겉면에서 홈질해요.

19 옆선을 홈질한 모습이에요.

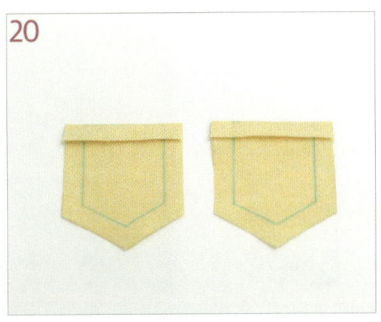

20 주머니는 전체 시접을 0.7cm 주어 재단하고, 입구 부분을 접어주세요.

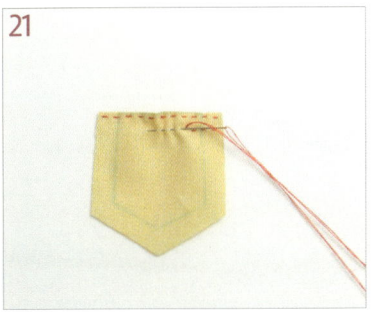

21 위아래를 빨강 색실로 홈질해요.

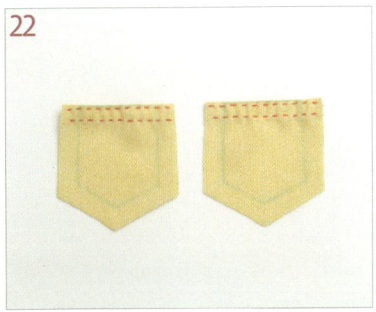

22 주머니 윗부분을 2줄로 홈질한 모습이에요.

23 주머니의 양옆과 아랫부분의 시접을 접어서 다려주세요.

24 빨강색 펠트지를 알파벳 A로 잘라준 후 주머니에 홈질해서 부착해주세요.

25 뒤판의 적당한 위치에 주머니를 놓은 후 시침핀으로 고정시켜요.

26 홈질해서 주머니를 부착한 모습이에요.

27 앞판과 뒤판은 옆선을 기준으로 겉면 쪽으로 반을 접어서 밑아래 솔기 부분을 맞춰 시침핀으로 고정시켜요.

홈질해요.

각각 홈질한 모습이에요.

한 짝만 겉면이 보이게 뒤집어주세요.

뒤집어준 한 짝을 나머지 한 짝 안으로 집어 넣어요.

밑위를 잘 맞추어서 시침핀으로 고정시켜요.

밑위를 홈질해요.

겉면이 보이게 뒤집어 잘 연결되었는지 확인합니다.

허리 고무밴드는 반으로 접어서 연결한 후, 허리둘레 겉면에 시접 0.7cm 부분에 맞대고 시침핀으로 고정시켜요.

시접 0.5cm 부분에 홈질해요.

37 허리밴드 연결 부분의 시접은 감침질로 시접을 정리해주세요.

38 허리밴드를 허리에 연결한 앞판 모습이에요.

39 뒤판 모습이에요.

40 밑단의 시접을 안면으로 접어서 시접의 위아래를 홈질해요.

41 완성.

맞주름 노랑 스커트

실물 크기 도안 227쪽

원단 73×9
부자재 허리밴드 24cm 1개

How to Make

01

치마의 한 면은 시접을 0.7cm 접어서 빨강 색실로 홈질해요.

02

윗부분에 맞주름 분량을 표시해주세요.

03

맞주름을 잡아서 시침핀으로 고정시켜요.

04

시접 1cm 부분에 홈질해요.

05

치마 맞주름을 잡아준 모습이에요.

06

허리밴드를 겉면 쪽에 놓은 후 시침핀으로 고정시켜요.

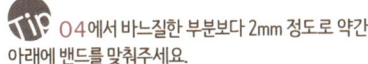 04에서 바느질한 부분보다 2mm 정도로 약간 아래에 밴드를 맞춰주세요.

07

허리밴드 위를 홈질로 바느질합니다.

 조금은 촘촘하게 바느질해주세요.

08

허리밴드를 바느질한 모습이에요.

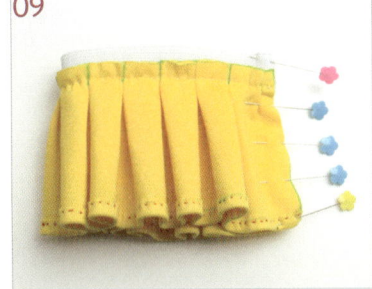

09

치마를 겉면 쪽으로 반을 접어서 옆선을 맞추어 시침핀으로 고정시켜요.

 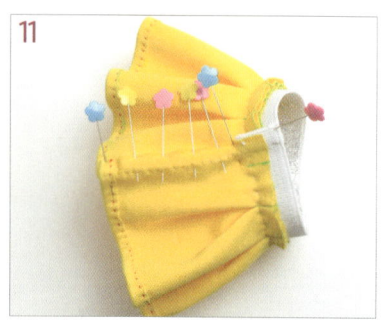 

옆선을 홈질해요.

시접은 한쪽으로 넘겨서 시침핀으로 고정시킨 후 끝부분을 홈질해 시접을 깔끔하게 정리합니다.

완성.

멜빵 프릴 스커트

실물 크기 도안 227쪽

원단 치마 75×9.5 1장, 허릿단 5.5×27 1장, 어깨끈 5×17 2장, 치마 레이스 75×9 1장
부자재 스냅단추 2쌍, 꽃단추 4개

How to Make

01
75×9.5cm로 재단한 치마 원단은 한 면의 시접을 0.7cm씩 2번 접어주세요.

02
밑단을 홈질해주고 양 옆면도 0.7cm씩 2번 접어서 홈질해요.

03
홈질로 주름을 만들어주세요.

04
치마 레이스도 양옆을 시접 0.7cm씩 2번 접어서 홈질한 후 주름을 잡아주세요.

Tip 허릿단 길이에 맞추어서 주름을 만들어주세요. 치마와 치마 레이스에 각각 주름을 잡아주면 좀 더 풍성한 치마프릴을 만들 수 있답니다.

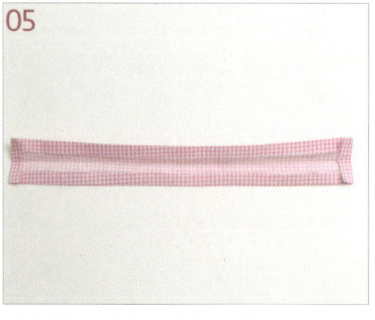

05
허릿단은 위아래 양옆의 시접을 0.7cm로 접어 다려주세요.

06
주름을 잡아준 치마와 치마 레이스를 준비해주세요.

07
치마와 치마 레이스를 서로 겹쳐서 집게로 고정시킨 후 홈질해주세요.

08
허릿단과 치마를 준비합니다.

09
허릿단 끝부분 접힌 부분과 허릿단 아래 접힌 시접의 안면에 치마 안면을 맞춰주세요.

10
잘 정리하여 시침핀으로 고정시켜요.

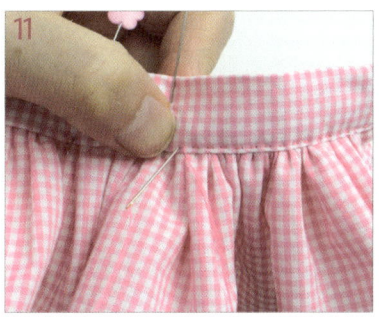

11
간격을 고르게 홈질하여 허릿단과 치마를 부착해주세요.

12
허릿단의 윗부분 양옆 부분까지도 홈질해요.

13
어깨끈을 4등분으로 접고 양끝도 안쪽으로 접어서 다려 준비해주세요.

14
어깨끈 전체 둘레를 홈질해요.

15
어깨끈의 위치는 치마 중심에서 양옆 2cm 떨어진 부분에 맞추어 시침핀으로 고정시켜요.

16
꽃단추를 달아 어깨끈을 고정시켜요.

17
뒤 중심에서 2cm 떨어진 부분에 뒤쪽 어깨끈 위치를 잡아준 후 그곳에 단추를 달아서 어깨끈을 멜빵에 고정시켜요.

18
뒤 중심에 스냅단추를 달아 완성해요.

미니스커트

실물 크기 도안 228쪽

원단 35×40
재단 앞판 2장, 뒤판 2장, 안주머니a 2장, 안주머니b 2장, 허릿단 1장

How to Make

01

앞판은 밑단 시접 0.7cm, 나머지 시접은 0.5cm 주고 2장을 준비해주세요.

02

앞 중심을 기준으로 2장을 겉면끼리 맞대고 시침핀으로 고정시켜요

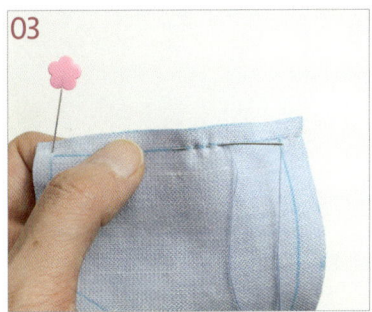

03

촘촘하게 앞 중심의 시접을 홈질해요.

04

앞판 2장을 연결한 모습이에요.

05

뒤판 2장을 준비합니다.

06

뒤 중심을 기준으로 2장을 겉면끼리 맞대고 시침핀으로 고정시킨 후 홈질해요.

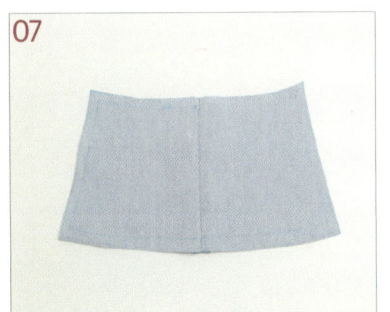

07

뒤판 2장을 연결한 모습이에요.

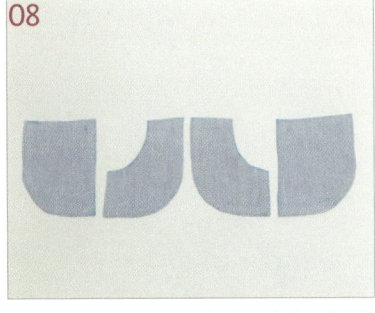

08

안주머니a와 안주머니b는 전체 시접을 0.5cm 주어 재단해주세요.

09

앞판의 겉면과 안주머니b의 겉면을 맞대고 바느질할 부분을 시침핀으로 고정시켜요.

10

촘촘하게 홈질해요.

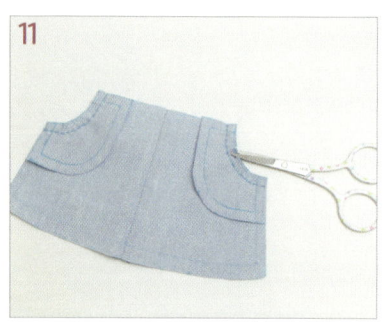

11

홈질한 부분에 가위집을 내주세요.

12

주머니를 안쪽으로 꺾어 다려서 정리해주세요.

13

안주머니a를 안주머니b와 겉면끼리 맞대고 시침핀으로 고정시킨 후 곡선 부분을 홈질해요.

14

앞판 주머니 곡선에 홈질해줍니다.

15

주머니를 달아준 앞판과 뒤판을 서로 겉면끼리 맞대고 시침핀으로 고정시킨 후 옆선을 홈질해요.

16

앞판과 뒤판을 연결한 모습이에요.

17

밑단의 시접을 접어서 홈질해요.

18

밑단을 홈질한 모습이에요.

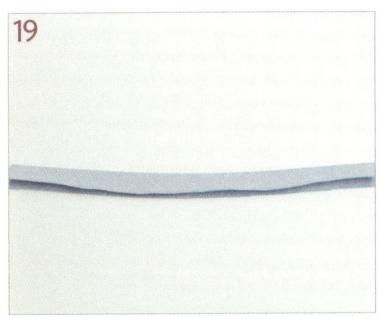

19

바이어스 방향으로 재단한 허릿단은 반을 접어서 다려주세요.

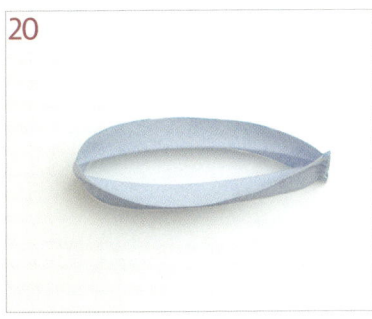

20

양끝을 연결해서 홈질해요.

21

허리둘레의 겉면에 허릿단을 맞대고 시침핀을 고정시켜요.

22

시접 0.5cm 부분을 홈질한 후, 시접을 안면으로 꺾어서 정리해주세요.

23

허릿단을 달아 스커트를 완성합니다.

테니스 스커트

원단   치마 76×8 1장, 허릿단 26×6 1장
부자재   스냅단추 3쌍

How to Make

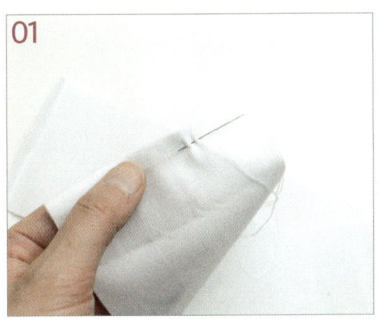

01

76.5×8cm로 재단한 치마 양끝의 시접을 0.7cm씩 2번 접어서 홈질해요.

02

양끝을 홈질한 모습이에요.

03

밑단 시접은 0.5cm씩 2번 접어서 홈질해요.

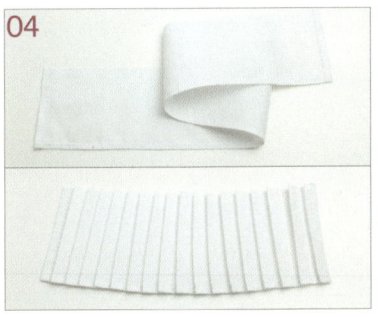

04

치마 밑단을 홈질한 모습이에요. 시접 1cm 간격으로 접어서 다려주세요.

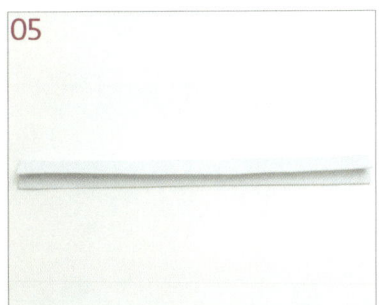

05

26×6cm으로 재단한 허릿단은 4등분으로 접어서 다려주고, 양끝은 1cm씩 안쪽으로 접어 넣어 정리해주세요.

06

허릿단 겉면 양끝의 접은 시접을 치마 안면 쪽으로 먼저 감싸주세요.

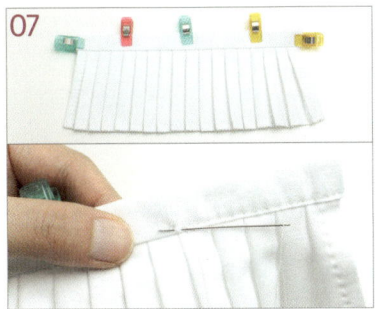

07

허릿단을 접어서 치마 겉면 쪽에 맞춘 후 고정해서 홈질해요.

08

허릿단을 홈질해서 치마와 고정한 모습이에요.

09

치마 뒤 중심에 스냅단추를 달아 완성해요.

허리프릴 스커트

원단 치마 68×9 1장, 허릿단 25×6 1장
부자재 스냅단추 3쌍

How to Make

01
68×9cm로 재단한 치마는 밑단 시접을 0.5cm씩 2번 접어주세요.

02
밑단을 홈질해요.

03
치마 양끝의 시접을 0.5cm씩 2번 접어서 홈질해요.

04
홈질로 치마의 프릴을 잡아주세요.

05
허릿단은 반으로 접은 후 위아래 0.5cm씩 접고, 양옆은 1cm씩 접어 안쪽으로 넣어주세요. 허릿단과 치마를 준비해주세요.

 치마의 프릴 길이는 허릿단에 맞추면 돼요.

06
허릿단 안쪽으로 치마프릴을 넣어서 잘 맞춘 후 시침핀으로 고정시켜요. (허릿단 맞추는 방법 92쪽 09번 참고)

07
홈질해서 고정시켜요.

08
허릿단을 바느질한 모습이에요.

09
뒤 중심에 스냅단추를 달아 완성해요.

Dress

롤칼라 원피스 · 민소매 A라인 원피스 · 민소매 프릴칼라 원피스 · 박스 원피스

스위티 원피스 · 캉캉 원피스 · 핑크 튀튀 원피스 · 스모크 원피스

올인원 잠옷 · 백설공주 앞치마

Styling Tip
Dress

롤칼라 원피스

실물 크기 도안 229쪽

원단 65×40
재단 앞판 1장, 뒤판 2장, 치마 11×65 1장, 목 칼라 13×3 1장, 소매 2장, 허릿단 25×2.5 2장
부자재 스냅단추 2쌍, 고무실 15cm

How to Make

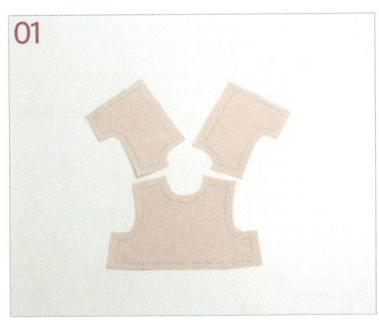

01
앞판은 전체 시접을 0.7cm 주어 1장, 뒤판은 뒤 중심 1cm, 나머지 시접은 0.7cm를 주어 2장을 재단해서 준비해요.

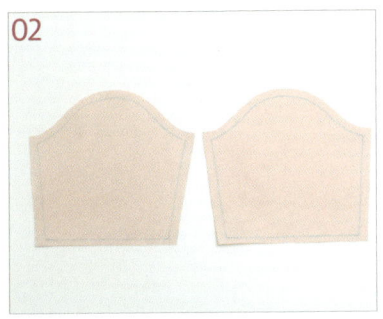

02
소매는 소매 끝단 시접은 0.5cm, 나머지 시접은 0.7cm 주어 2장을 재단하세요.

03
앞판과 뒤판의 어깨선을 겉면끼리 맞대고 홈질한 후, 시접은 가름솔로 펴주세요.

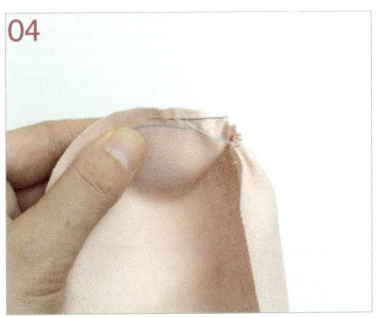

04
소매산 시접의 1/2부분을 홈질해서 셔링을 잡아주세요.

05
소매에 셔링을 잡아준 모습이에요.

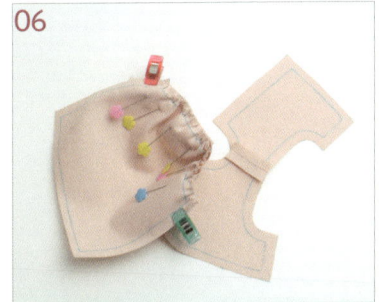

06
소매와 암홀라인은 겉면끼리 맞대고 시침핀으로 고정시켜요.

07
홈질로 소매를 달아주세요.

08
양쪽 소매를 달아준 모습이에요.

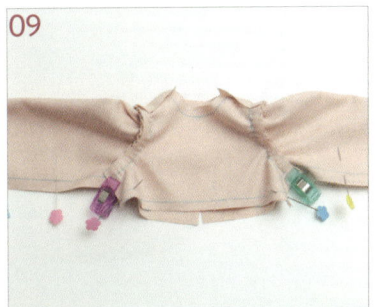

09
소매 밑부분부터 앞판과 뒤판의 옆선을 서로 겉면끼리 맞추어 시침핀으로 고정시켜요.

소매 밑부분부터 옆선까지 연결해서 홈질해요.

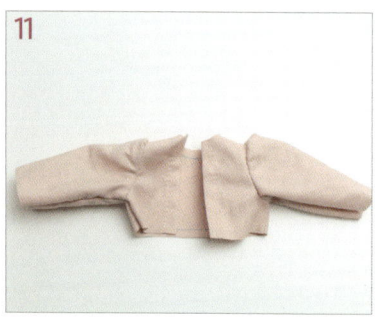

겉면으로 뒤집어서 뒤 중심의 시접을 접어서 홈질해요.

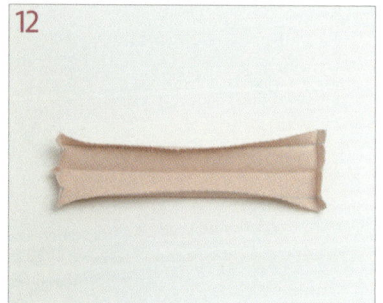

칼라를 반으로 접은 후 다시 4면을 0.5cm씩 접어서 다려주세요.

목둘레의 뒤 중심 양쪽 끝에 칼라를 먼저 맞춘 후, 나머지 부분을 잘 맞춰서 시침핀으로 고정시켜요.

홈질해서 칼라를 달아주세요.

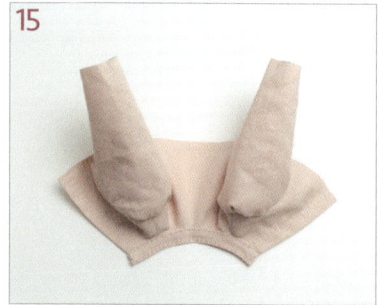

칼라를 달아준 모습이에요.

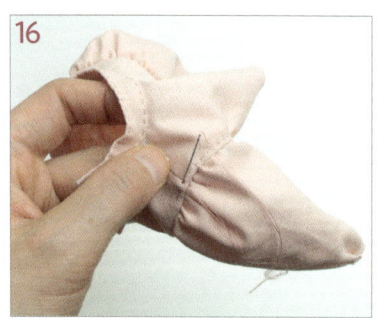

암홀라인의 시접을 몸판 쪽으로 꺾어서 겉면에서 홈질해주세요.

소매 끝단의 시접을 접어서 홈질해주세요.

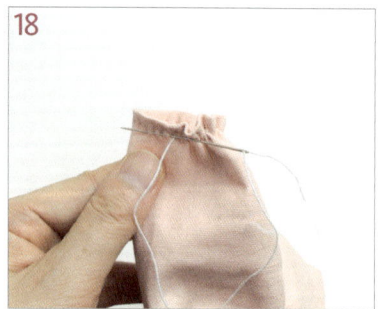

소매 끝단에 고무실로 셔링을 잡아주세요.

19
소매 끝단에 셔링을 잡아준 모습이에요.

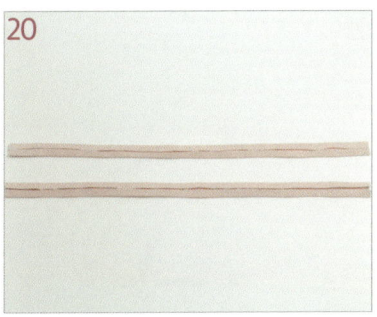

20
허릿단 시접은 중심을 기준으로 마주보게 접어서 다려주세요.

21
허릿단 1장의 양끝을 1cm씩 접어서 몸판의 겉면 아랫단에 맞추어 시침핀으로 고정시켜요.

22
접힌 부분을 홈질해요.

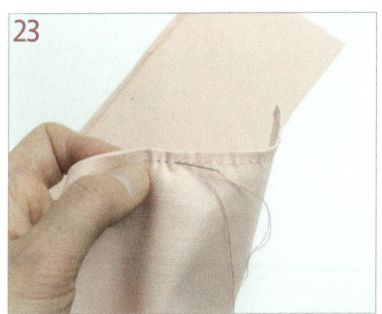

23
11×65cm로 재단한 치마 한 면의 시접을 0.5cm 접어서 홈질해요.

24
홈질로 프릴을 만들어주세요.

25
남은 허릿단 1장의 겉면과 치마의 안면을 서로 맞대고 시침핀으로 고정시킨 후 홈질해요.

26
허릿단을 치마에 달아준 모습이에요.

27
몸판의 허릿단과 치마의 허릿단을 서로 안면끼리 맞대고 시침핀으로 고정시켜요.

허릿단의 위아래를 차례대로 홈질해요.

몸판에 치마를 달아준 겉면 모습이에요.

몸판에 치마를 달아준 안면 모습이에요.

뒤 중심에 스냅단추를 달아 완성해요.

Tip 롤칼라 원피스 소매를 짧은 소매로 만들면 또 다른 느낌을 줄 수 있답니다.

민소매 A라인 원피스

실물 크기 도안 230쪽

원단 겉감 22×45 1장, 안감 22×45 1장, 칼라 15×10 1장
부자재 주머니용 펠트(유수지) 10×5 2장, 스냅단추 4쌍, 색깔단추 3개

How to Make

01

앞판과 뒤판이 연결된 몸판은 밑단 시접 0.7cm, 뒤 중심 1cm, 나머지 시접은 0.5cm 주어 재단해 준비하세요.

02

앞판과 뒤판의 어깨 부분을 겉면끼리 맞대고 시침핀으로 고정시켜요.

03

겉감의 앞판과 뒤판의 어깨선을 연결한 모습이에요.

04

칼라 원단에 칼라도안을 그려주세요.

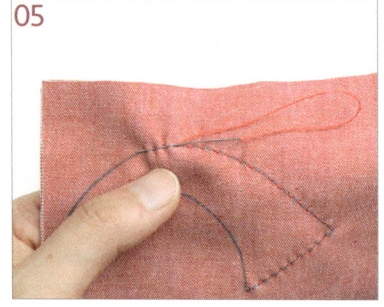

05

칼라의 겉둘레를 홈질해요.

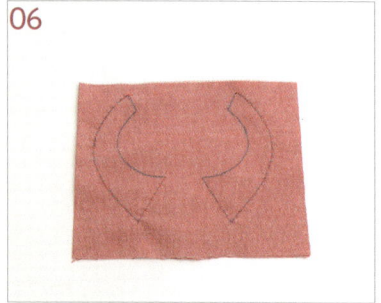

06

홈질한 모습이에요.

07

시접을 0.5cm 남기고 잘라서 바느질이 안 된 부분으로 뒤집어서 다려주세요.

08

앞판부터 뒤판까지의 목둘레에 칼라를 맞대고 시침핀으로 고정시켜요.

09

안쪽 시접선 말고 시접 중심에 홈질해서 고정시켜요.

Tip 안감과 마주해서 한 번 더 박음질이 될 거라서 시접 중심에 홈질합니다.

안감도 앞판과 뒤판을 재단한 후 어깨선을 서로 겉면끼리 맞대고 홈질해요.

겉감과 안감을 서로 겉면끼리 맞대고 시침핀으로 고정시켜요.

뒤 중심과 목둘레, 암홀라인만 홈질해요.

목둘레는 가위집을 내주고 겉면으로 뒤집어서 정리해주세요.

안감은 안감끼리 겉면으로 맞대고 옆선을 고정시켜요.

겉감은 겉감끼리 겉면으로 맞대고 옆선을 고정시켜요.

옆선을 겉감과 안감을 서로 연결해서 홈질해요.

옆선을 바느질한 안감 모습이에요.

옆선을 바느질한 겉감 모습이에요.

19 밑단의 시접을 접어서 서로 맞대고 시침핀으로 고정시켜요.

20 밑단을 홈질로 마무리해주세요.

21 칼라를 중심으로 단추를 3개 달아주세요.

22 펠트지에 주머니를 그린 후 오려 준비하세요.

23 앞판에 주머니를 윗부분을 살짝 접어서 홈질하여 달아주세요.

24 뒤 중심에 스냅단추를 달아 완성해요.

민소매 프릴칼라 원피스

실물 크기 도안 233쪽

원단 겉감 20×27 1장, 안감 20×27 1장, 프릴칼라 45×3 1장, 치마 65×12 1장
부자재 스냅단추 3쌍

How to Make

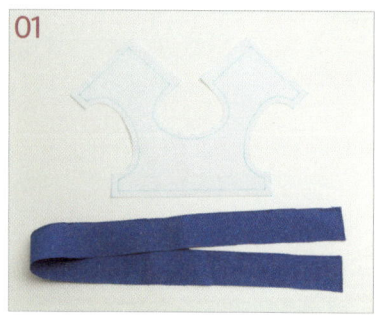

01

앞판과 뒤판의 어깨선을 연결해 원단에 그린 후 패턴에 시접을 주어 재단한 몸판과 프릴칼라감을 준비해요.

 뒤 중심 시접 1cm, 나머지 시접 0.5cm

02

프릴칼라감은 한 면의 시접을 접어서 홈질해요.

03

홈질로 프릴을 만들어주세요.

04

몸판 목둘레 겉면에 프릴 겉면을 맞대고 시침 핀으로 고정시켜요.

 프릴 위치는 뒤 중심 시접선에 오게 해주세요.

05

홈질로 프릴칼라를 고정시켜요.

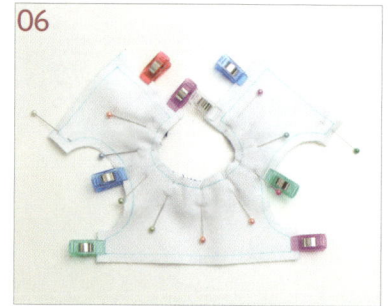

06

안감의 몸판과 겉감의 몸판을 서로 겉면끼리 맞대고 고정시킨 후 목둘레와 암홀라인, 뒤 중심을 홈질해요.

07

목둘레에 곡선 부분에 가위집을 낸 후 겉면 쪽으로 뒤집어주세요.

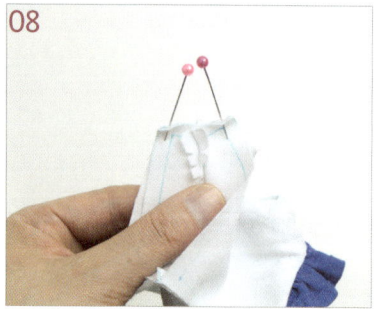

08

앞판과 뒤판의 옆선을 서로 겉면끼리 맞대고 홈질해요.

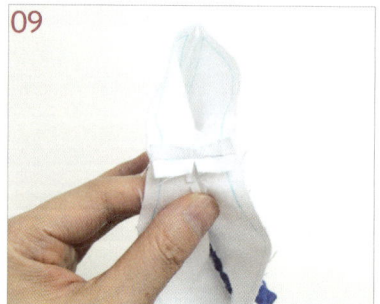

09

홈질한 시접은 가름솔로 펴주세요.

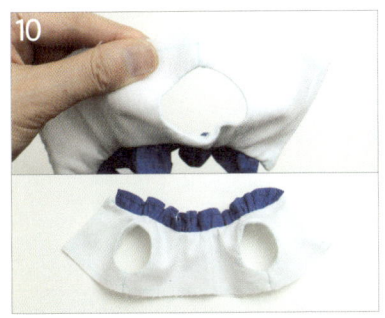

10 옆선을 잘 다려서 정리해주세요. 완성된 몸판의 모습이에요.

11 칼라 안쪽의 시접을 홈질해요.

안쪽을 홈질해야 칼라가 들뜨지 않아요.

12 목둘레를 살짝 다림질로 눌러서 칼라를 겉면 쪽으로 눕혀주세요.

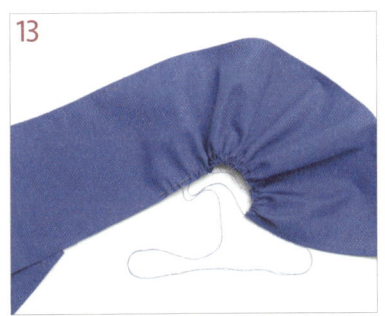

13 치마의 밑단 시접을 접어서 홈질한 후 홈질로 주름을 잡아주세요.

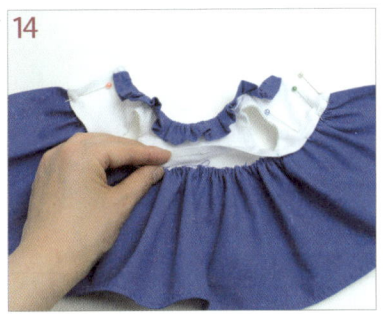

14 몸판 밑단의 시접을 안면으로 접어서 다린 후, 만들어 놓은 프릴치마를 겉면이 앞으로 보이게 안쪽으로 넣어주세요.

15 몸판 밑단에 꼼꼼하게 시침핀으로 고정시켜 주세요.

16 홈질해서 치마를 달아줍니다.

17 몸판에 치마를 연결한 모습이에요.

18 뒤 중심에 스냅단추를 달아 완성해요.

박스 원피스

실물 크기 도안 231~232쪽

원단 앞판/뒤판 50×45, 프릴감 25×3 2장, 칼라 16×12 2장, 목둘레 안단 17×12 1장
재단 앞판 1장, 뒤판 2장
부자재 스냅단추 4쌍

How to Make

01
앞판 1장은 밑단은 0.7cm, 나머지 시접은 0.5cm 주어 재단하세요.

02
뒤판 2장은 뒤 중심 시접은 1cm, 밑단 시접은 0.7cm, 나머지 시접은 0.5cm 주어 재단하세요.

03
앞판과 뒤판은 겉면이 마주하게 어깨선과 옆선을 맞추고 시침핀으로 고정시켜요.

04
어깨와 옆선을 홈질해요.

05
칼라원단에 칼라를 그려주고 홈질해요.

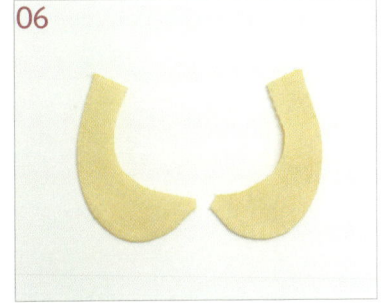

06
칼라를 뒤집어서 다려 정리해주세요.

 칼라 시접은 0.5cm를 주어 잘라주세요.

07
목둘레에 칼라를 맞추고 시침핀으로 고정시켜요.

08
시접 1/2지점을 홈질해서 칼라를 부착해주세요.

09
시접 없이 재단한 안단의 겉면과 목둘레의 겉면을 맞추고 시침핀으로 고정시킨 후 홈질해요.

시접에 가위집을 내주고 안단을 안쪽으로 접어서 다림질해주세요.

칼라 안쪽을 홈질해요.

칼라를 정리한 모습이에요.

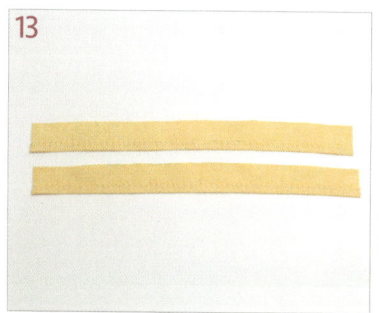

프릴감 2장을 준비해요.

프릴감 한 면의 시접을 접어서 홈질해주고, 다른 한 면은 홈질해서 프릴을 만들어주세요.

프릴은 양끝을 겉끼리 맞대고 시접을 홈질하여 동그랗게 만들어주세요.

소매 끝단의 겉면과 프릴의 겉면을 맞대고 시접을 홈질한 후, 시접을 안쪽으로 꺾어서 겉면에서 홈질해주세요.

뒤 중심의 시접을 접어서 홈질하고 밑단의 시접도 접어서 홈질해요.

뒤 중심에 스냅단추를 달아 완성해요.

스위티 원피스

실물 크기 도안 234쪽

원단 70×25
재단 몸판 겉감 1장, 몸판 안감 1장, 치마 70×12 1장, 어깨끈 2장, 리본 원단 9×7 1장, 리본 중심띠 2×4 1장
부자재 스냅단추 3쌍, 코사지핀 1개

How to Make

01 몸판 겉감 1장, 몸판 안감 1장은 전체 시접을 0.5cm 주어 재단하세요.

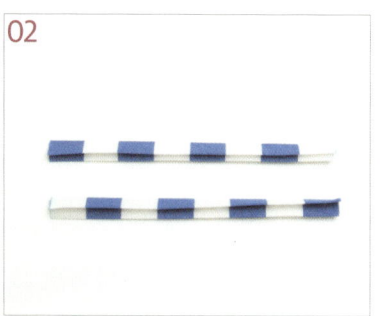

02 어깨끈은 4등분으로 접어서 준비해주세요.

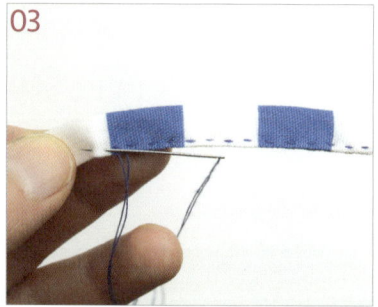

03 어깨끈은 양끝 한쪽 부분만 접어서 안으로 정리해서 홈질해요.

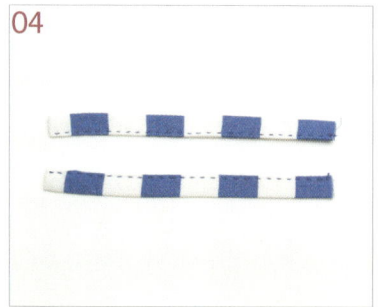

04 어깨끈을 홈질한 모습이에요.

05 몸판 겉감과 몸판 안감을 어깨끈을 끼워서 서로 겉면끼리 맞대고 시침핀으로 고정시켜요.

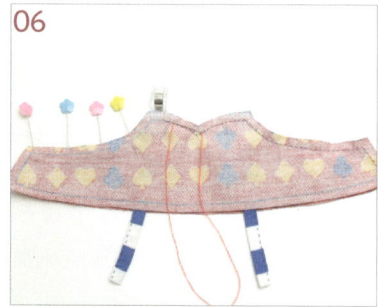

06 밑부분을 제외하고 둘레를 홈질해요.

07 바느질하지 않은 밑부분으로 뒤집어서 정리해주세요.

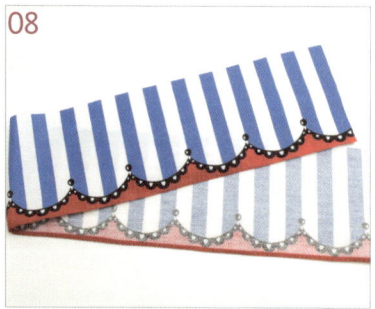

08 치마는 밑단의 시접을 접어서 다려주세요.

09 접어준 밑단을 홈질하고, 양 옆면도 시접을 접어서 홈질해요.

10 홈질해서 주름을 만들어주세요.

11 몸판의 겉감과 안감 사이에 치마를 넣어서 맞춘 후 시침핀으로 고정시켜요.

12 홈질로 몸판에 치마를 고정시켜주세요.

13 몸판에 치마를 달아준 겉면이에요.

14 몸판에 치마를 달아준 안면이에요.

15 뒤 중심에 스냅단추를 달아주세요.

16 어깨끈 끝을 뒤 중심 쪽에 고정해서 바느질해주세요.

17 어깨끈을 연결한 모습이에요.

18 리본 원단은 반으로 접어서 시접을 그리고 창구멍을 남긴 후, 창구멍을 제외하고 홈질해요.

19

창구멍으로 뒤집어서 정리하고 창구멍은 공그르기로 마무리해주세요.

20

리본 중심에 홈질하여 주름을 잡아주세요.

21

리본 중심띠를 리본 중심에 둘러서 리본을 완성해요.

22

리본 뒤쪽에 코사지핀을 붙여주세요.

23

뒤 중심 부분에 리본을 달아 완성해요.

캉캉 원피스

실물 크기 도안 235쪽

원단   몸판 42×23, 치마 35×95
재단   몸판 겉감 앞판 1장, 몸판 겉감 뒤판 2장, 몸판 안감 앞판 1장, 몸판 안감 뒤판 2장, 치마a 5×95 1장, 치마b 8×95 1장, 치마c 12×95 1장
부자재   리본장식 10×65 1장, 코사지핀 1개, 스냅단추 4쌍

How to Make

01
앞판 1장, 뒤판 2장은 밑단 시접 0.7cm, 나머지 시접은 0.5cm 주어 재단하세요.

02
앞판과 뒤판의 어깨는 서로 겉면끼리 맞대고 시침핀으로 고정시켜요.

03
홈질해서 어깨를 연결해주세요. 안감도 같은 방법으로 바느질해서 준비해주세요.

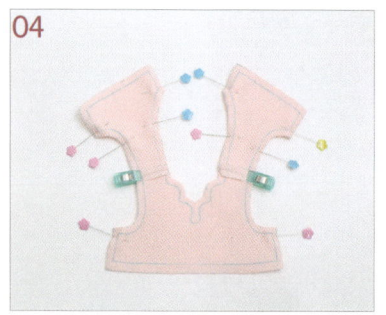

04
겉감과 안감을 서로 겉면끼리 맞대고 고정시켜요.

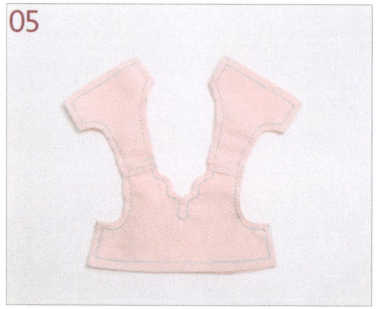

05
암홀라인과 목둘레 뒤 중심까지 홈질해요.

Tip 옆선과 뒤 중심의 시접을 제외하고 가위집을 주세요.

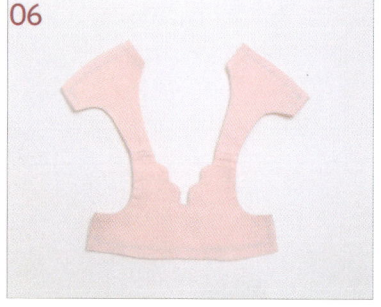

06
밑단에서 뒤집어서 다림질하여 정리해주세요.

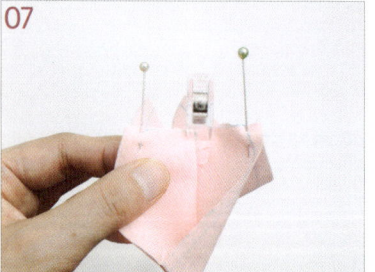

07
앞판과 뒤판의 옆선을 서로 겉면끼리 맞춰서 홈질해요.

08
각각 재단한 치마는 한쪽 밑단을 접어서 다려주세요.

09
접어준 밑단을 각각 홈질해요.

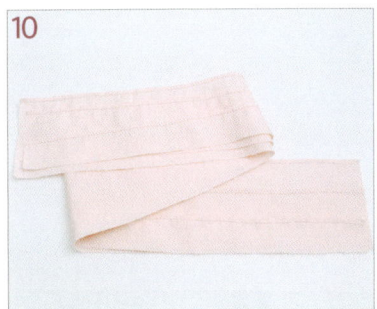

치마를 각각 홈질한 모습이에요.

홈질해서 치마 하나씩 주름을 잡아주세요.

치마 3장에 모두 주름을 잡아준 모습이에요.

3장을 모두 겹쳐서 고정시켜요.

고정한 부분을 홈질하여 3장을 붙여주세요.

치마 옆 부분을 접어 고정해주고 홈질해요.

몸판에 밑단 사이에 치마를 정리해서 고정시켜요.

홈질로 치마를 달아주세요.

몸판에 치마를 달아준 겉면이에요.

몸판에 치마를 달아준 안면이에요.

뒤 중심에 스냅단추를 달아주세요.

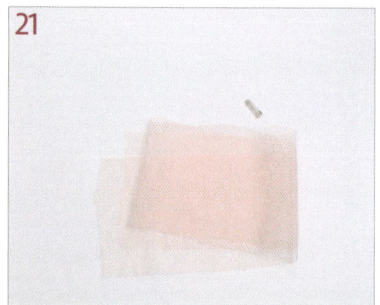
리본장식이 될 망사 원단과 코사지핀을 준비하세요.

망사 원단의 중심에 리본을 묶어주세요.

뒤쪽에 글루건으로 코사지핀을 붙여주세요.

원피스 몸판 옆쪽에 리본을 달아 완성해요.

핑크 튀튀(tutu) 원피스

실물 크기 도안 236쪽

원단 몸판 35×22 1장, 치마 95×12 2장
재단 몸판 앞판 겉감 1장, 몸판 앞판 안감 1장, 몸판 뒤판 겉감 2장, 몸판 뒤판 안감 2장, 치마 2장
부자재 스냅단추 3쌍, 리본끈 35cm 1개, 장식 레이스꽃 9개

How to Make

몸판의 겉감/안감 앞판 1장, 뒤판 2장은 밑단 시접은 0.7cm, 나머지 시접은 0.5cm 주어 재단하세요.

몸판 겉감의 앞판과 뒤판의 어깨를 겉면끼리 맞대고 시침핀으로 고정시켜요.

몸판 겉감의 어깨를 홈질하여 연결한 모습이에요.

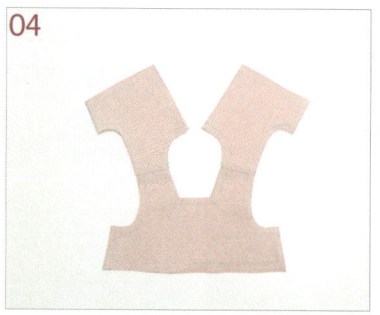

몸판 안감의 어깨를 홈질하여 연결한 모습이에요.

몸판 겉감과 몸판 안감을 서로 겉면끼리 맞대고 고정시켜요.

옆선을 제외하고 뒤 중심과 목둘레 암홀라인을 홈질해요.

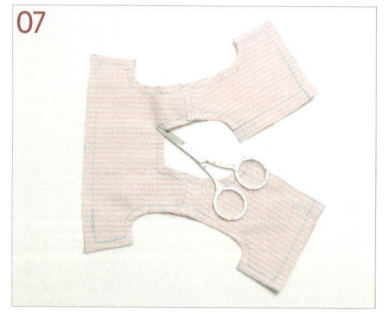

몸판의 목둘레 각이 꺾어진 부분에 가위집을 내주고, 나머지 곡선 부분에도 모두 가위집을 내주세요.

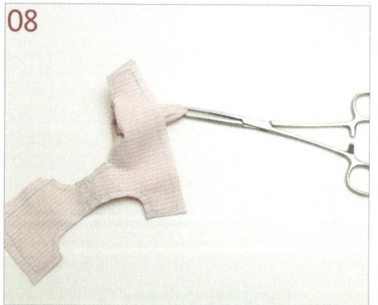

겸자를 이용해서 밑단에서 뒤집어주세요.

겉면으로 뒤집어서 다려 정리해주세요.

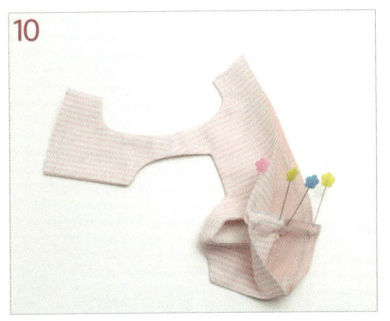

10

앞판과 뒤판의 옆선을 겉면끼리 맞대고 고정 시켜요.

11

홈질해요.

12

옆선을 홈질해서 연결한 모습이에요.

13

망사 원단 치마는 홈질하여 주름을 만들어주세요.

14

나머지 치마 원단은 양옆, 밑단의 시접을 접어서 홈질한 후 홈질로 주름을 잡아주세요.

15

치마 원단 2장을 주름잡아준 모습이에요.

16

서로 겹쳐서 고정시켜요.

17

시접을 홈질해서 2장을 붙여주세요.

18

몸판 밑단의 시접을 접어서 사이로 17을 넣어서 정리한 후 고정시켜요.

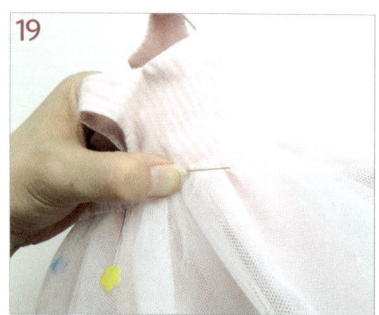
몸판 밑단을 홈질해요.

몸판에 치마를 달아준 모습이에요.

뒤 중심에 스냅단추를 달아 완성해요.

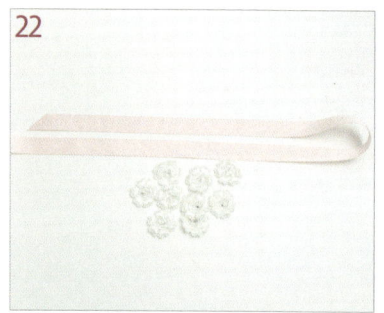
리본끈과 장식 레이스꽃을 준비해주세요.

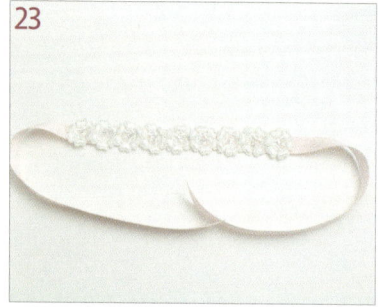
리본 중심을 기준으로 9개를 나열해서 글루건으로 붙여 완성해요.

Tip 이건 허리띠로 둘러주어도 좋고, 머리띠로 활용해도 좋아요.

스모크 원피스

실물 크기 도안 237~238쪽

원단 35×60
재단 앞판 1장, 뒤판 1장, 소매 2장
부자재 소매 레이스 21cm 2장, 치마 밑단 레이스 48cm, 고무실 42cm 1줄

How to Make

앞판 1장, 뒤판 1장은 밑단 시접은 0.7cm, 나머지 시접은 0.5cm 주어 재단하세요.

소매 2장은 전체 시접을 0.5cm 주어 재단하세요.

앞판에 소매를 각각 사진처럼 맞춘 후 시침핀으로 고정시켜요.

소매의 밑단을 제외하고 곡선 부분을 끝까지 홈질로 연결해주세요.

앞판에 소매를 각각 연결해준 모습이에요.

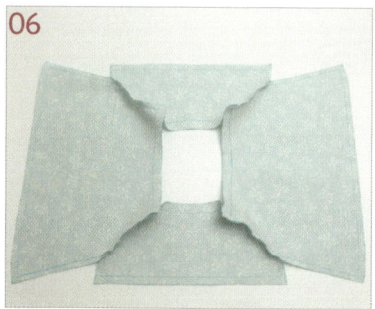

뒤판에도 3~4의 방법으로 소매를 연결해주세요.

서로 겉면끼리 맞대서 소매 끝단부터 옆선 끝까지 시침핀으로 고정시켜요.

시침핀으로 고정한 부분은 모두 홈질해주세요.

겉면으로 뒤집어서 치마 밑단에 레이스의 겉면을 맞대고 시침핀으로 고정시켜요.

Tip 레이스의 끝과 끝이 만나는 연결 부분은 옆선에 맞춰주세요.

10

홈질하여 레이스를 밑단에 달아주고, 레이스의 시접을 앞면으로 꺾어서 정리해주세요.

11

레이스를 밑단에 달아준 모습이에요.

12

레이스를 달아준 겉면에 홈질해주세요.

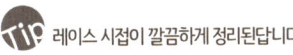

Tip 레이스 시접이 깔끔하게 정리된답니다

13

홈질을 마친 모습이에요.

14

소매 끝단에 레이스를 겉면끼리 맞대고 시침핀으로 고정시켜요.

15

소매 밑단도 9~12의 방법으로 바느질해주세요.

16

목둘레 부분은 주어진 시접을 반을 나누어 반씩 2번 접어서 홈질해주세요. 목둘레 부분을 홈질한 모습이에요.

17

고무실을 바늘에 끼운 후 목둘레 안쪽의 접혀진 시접 가까이에 홈질해주세요.

18

목둘레 부분을 고무실로 홈질해서 주름을 잡아 완성한 모습입니다.

올인원 잠옷

실물 크기 도안 240~242쪽

원단 앞판/뒤판 30×46 1장, 목둘레 프릴감 22×29 1장,
어깨프릴감/밑단 프릴감/목둘레 바이어스 39×54 1장

재단 앞판 1장, 뒤a 2장, 뒤b 1장, 목둘레 바이어스 76×3 1장, 밑단 프릴감 4장,
목둘레 프릴감 1장, 어깨프릴감 2장, 안단 2장, 주머니 2장, 안단 접착심지 2장

부자재 안단 접착심지 16×17 1장

How to Make

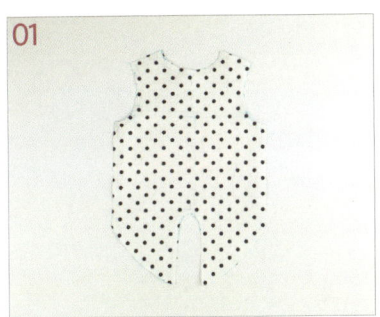

01

앞판을 재단해서 준비해요.

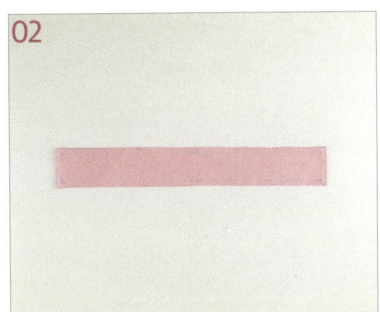

02

프릴감을 재단해서 준비해요.

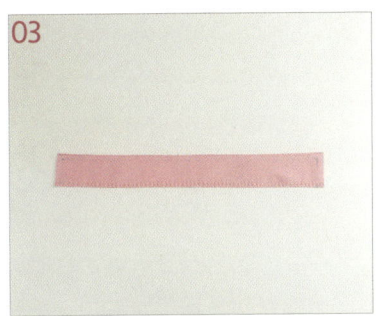

03

프릴감 밑단의 시접을 접어서 홈질해요.

04

홈질로 프릴을 만들어주세요.

05

앞판 목둘레 겉면에 프릴의 안면을 맞춰서 홈질해요.

06

프릴의 끝부분을 잘라서 정리해요.

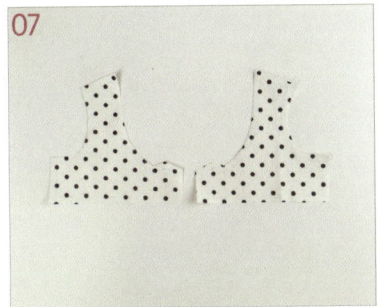

07

뒤판a 2장을 재단해주세요.

08

뒤판의 뒤 중심 시접을 접어서 바느질하고 앞판에 어깨의 겉면끼리 맞춰서 홈질해요.

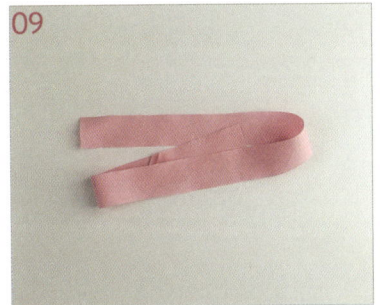

09

목둘레 바이어스를 재단해서 준비합니다.

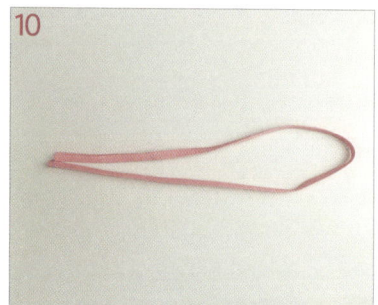

4등분으로 접어서 다려주세요.

목둘레 바이어스의 중심과 목둘레 중심을 먼저 맞추고 나머지 부분을 맞춰서 시침핀으로 고정시켜요.

목둘레 바이어스를 달아주고 다림질해서 정리해준 모습이에요.

어깨프릴감 2장을 재단합니다.

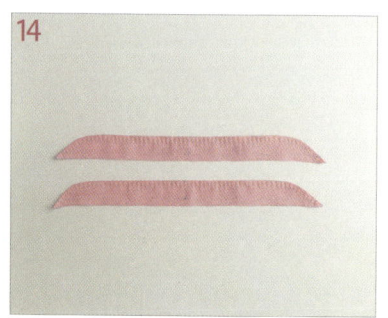

한 면의 시접을 접어서 홈질해요.

홈질로 프릴을 만들어주세요.

패턴에 표시된 부분에 어깨프릴감을 겉면끼리 맞추고 시침핀으로 고정시켜요.

어깨프릴감을 홈질한 모습이에요.

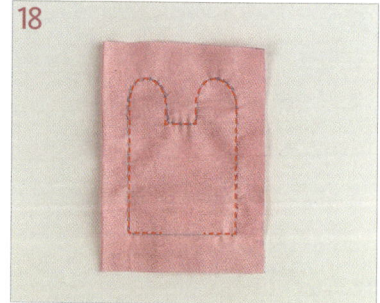

원단 2장을 겹쳐서 주머니를 그린 후 창구멍을 남기고 홈질해요.

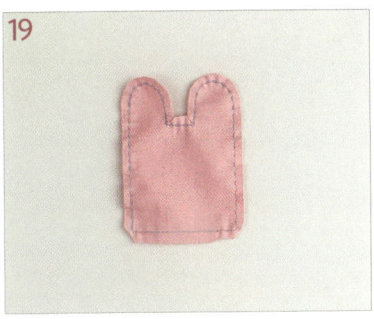

시접을 잘라냅니다.

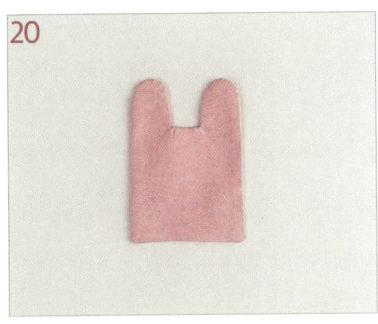

창구멍으로 뒤집어서 정리한 후 다려주세요.

앞판에 주머니 자리를 잡아 시침핀으로 고정시켜요.

홈질로 주머니를 달아주세요.

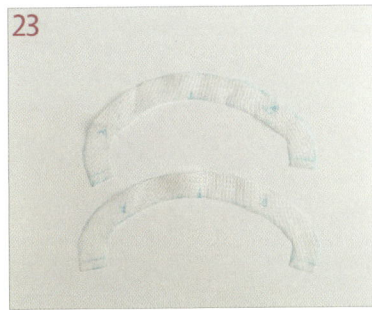

안단 접착심지 2장을 재단해요.

안단의 겉면과 암홀의 겉면을 맞추고 시침핀으로 고정시켜요.

 접착심지의 까끌까끌한 부분이 안면입니다.

안단을 바느질한 모습이에요. 접착심지 양끝의 시접 부분을 남기고 홈질합니다.

밑단 프릴감 4장을 재단해주세요.

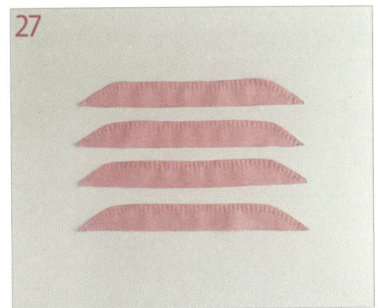

한 면의 시접을 접어서 홈질해요.

주름을 만들어줍니다.

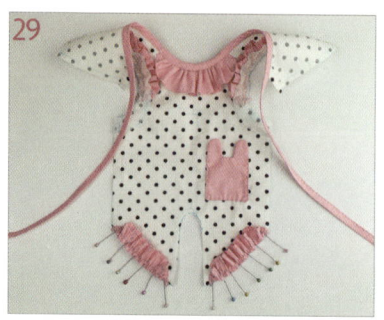

앞판 밑단에 프릴을 겉면끼리 맞추고 시침핀으로 고정시킨 후 홈질해요.

시접을 안쪽으로 꺾어서 겉면에서 홈질해요.

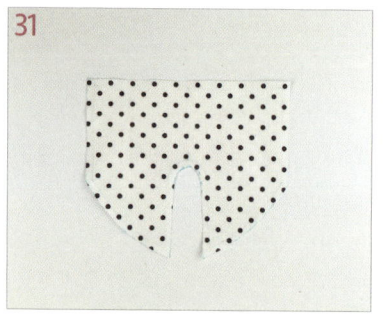

뒤b 1장을 재단해요.

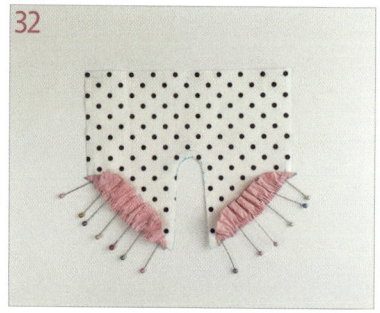

뒤b 밑단에 프릴을 겉면끼리 맞추고 시침핀으로 고정시킨 후 홈질해요.

시접을 안쪽으로 꺾어서 겉면에서 홈질합니다.

뒤a와 뒤b를 겉면끼리 맞추고 시침핀으로 고정시킨 후 홈질해요.

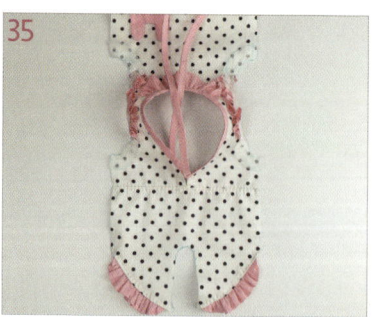

시접을 안쪽으로 꺾어서 겉면에서 홈질해요.

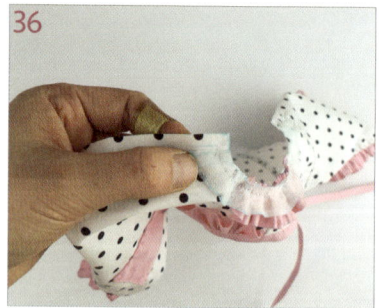

25에서 바느질하지 않은 양끝의 시접을 접어주세요.

37

옆선과 밑위를 맞추고 시침핀으로 고정시킨 후 홈질해요.

38

밑위의 곡선 부분에 가위집을 냅니다.

39

안쪽의 접착심지를 달아서 소매 안쪽을 정리해주세요.

Tip 접착심지는 얇은 원단으로 접착솜처럼 한쪽이 접착면이에요.

40

겉면으로 뒤집어 완성해요.

백설공주 앞치마

실물 크기 도안 243~244쪽

원단 앞판/안감/어깨프릴감 33×54 1장,
앞 중심 프릴감 21×37 1장, 어깨프릴감/허리끈 70×13 1장
재단 앞판a 1장, 앞판b 1장, 안감 1장, 앞 중심 프릴감 2장, 어깨프릴감(레드) 16장,
어깨프릴감(블루) 16장, 허리끈 70×3 1장, 치마 70×8.5 1장, 치마 망사 70×10 2장
부자재 단추(6mm) 빨간색 2개

How to Make

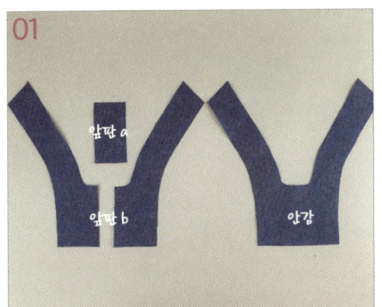

앞a 1장, 앞b 2장, 안감 1장입니다.

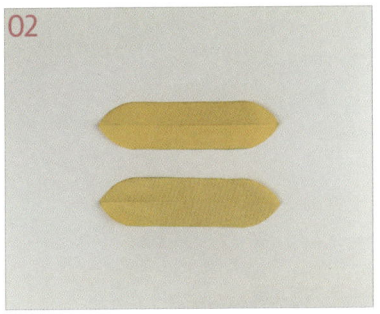

앞 중심 프릴감 2장을 재단해서 준비합니다.

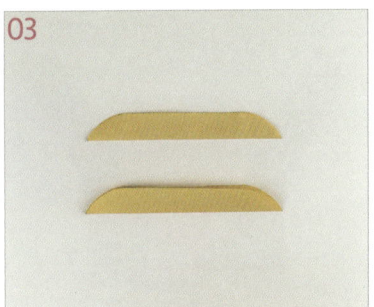

반을 접어주세요.

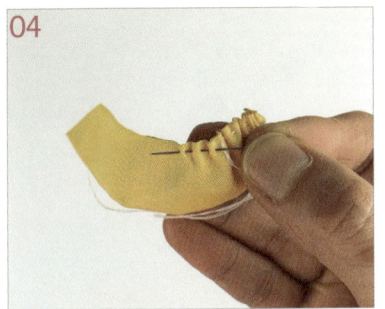

홈질로 프릴을 만들어주세요.

프릴이 완성된 모습이에요.

앞a에 위아래 시접을 표시하고, 앞 중심 프릴감 2장을 준비해요.

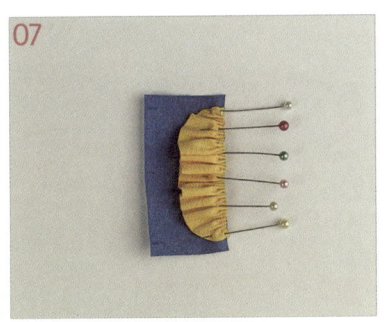

앞a 한쪽 면에 프릴 위치를 잡고 시침핀으로 고정시킨 후 홈질해요.

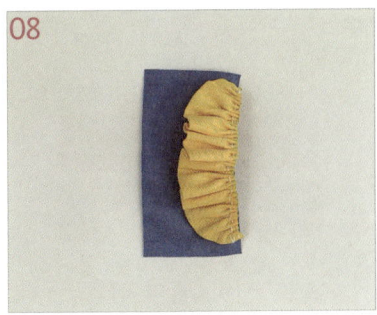

프릴을 달아준 모습이에요.

다른 한 면에도 프릴을 달아줍니다.

10 프릴을 달아준 앞a와 앞b 원단 2장을 준비합니다.

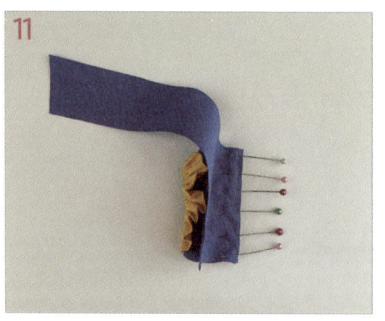

11 한쪽 면에 먼저 앞b를 겉면끼리 맞대고 시침 핀으로 고정시켜요.

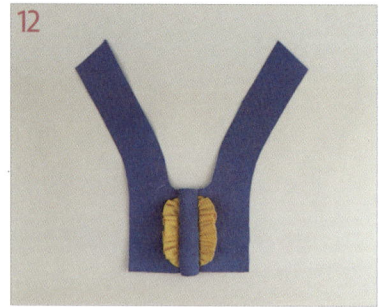

12 다른 한쪽 면에도 앞b를 겉면끼리 맞대고 홈질해요.

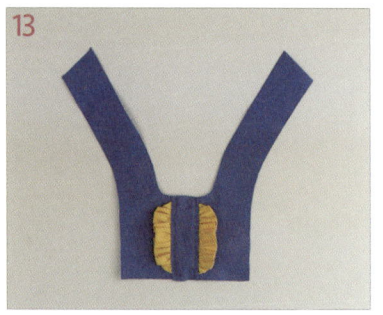

13 시접을 정리해서 겉면에서 홈질해준 모습이에요.

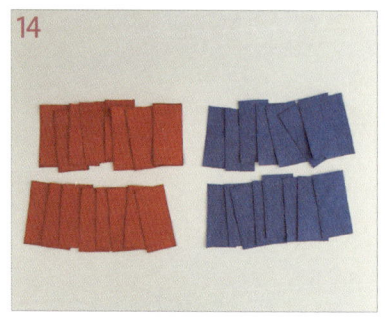

14 어깨프릴감 레드와 블루를 각각 16장씩 재단해서 준비해요.

15 레드와 블루 프릴감을 차례로 교차해서 홈질로 연결해요.

16 어깨프릴감을 연결한 모습이에요.

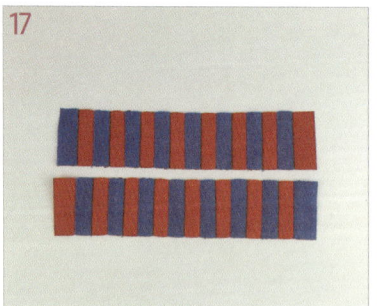

17 안쪽의 시접을 가름솔로 다려서 전체적으로 다려주세요.

18 안쪽의 시접을 반만 남기고 잘라냅니다.

반을 접어서 다려주세요.

홈질로 프릴을 만들어요.

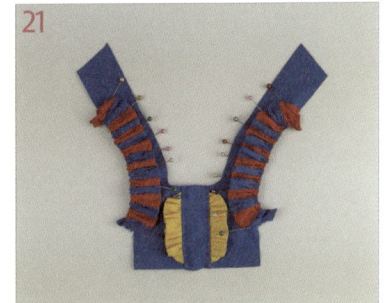

프릴을 앞판에 맞대서 시침핀으로 고정시켜요.

프릴을 단 모습이에요.

프릴 끝과 끝부분을 잘라서 정리해요.

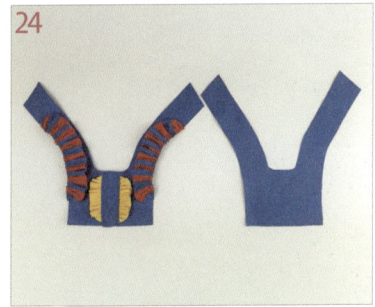

앞판과 안감을 준비해요.

겉면끼리 맞대고 시침핀을 꽂아주세요.

아랫단의 시접선을 제외하고 나머지 부분을 홈질해요.

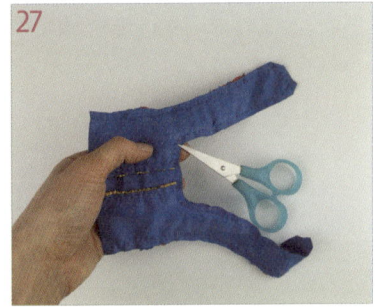

곡선 부분에 가위집을 냅니다.

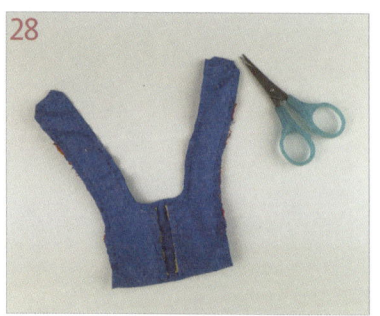

모서리 부분은 대각선으로 잘라냅니다.

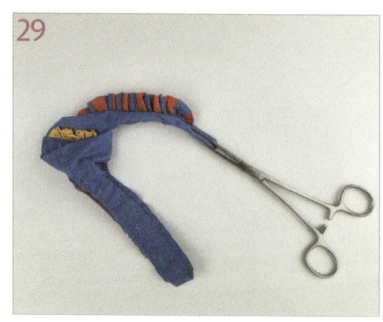

겸자로 뒤집어요.

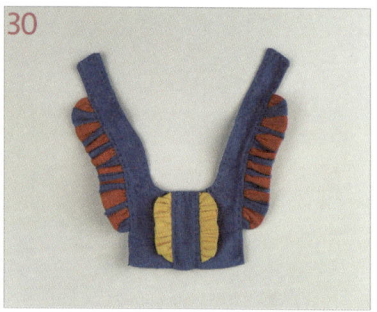

뒤집어서 가장자리를 한 번 더 겉면에서 홈질해요.

단추를 달아요.

치마 원단은 밑단의 시접을 접어서 다려주세요.

접어준 시접은 색실로 홈질해요.

치마 망사 2장과 33을 겹쳐 주름을 잡아주세요. 주름 길이는 23cm로 맞춥니다.

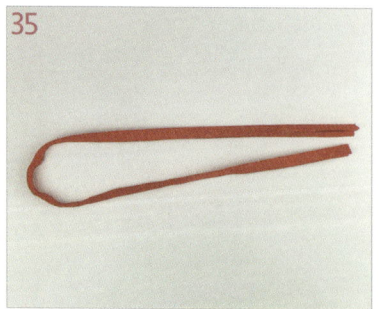

허리끈은 4등분으로 접어서 다려주세요. 다릴 때 먼저 허리끈의 반을 접고, 위아래 시접 0.5cm를 접어주세요.

치마의 안면과 허리끈의 겉면 중심끼리 맞춰서 시침핀으로 고정시킨 후 표시된 부분을 홈질해요.

37 허리 끝부분의 시접을 안쪽으로 접어서 시침핀으로 고정시켜요.

38 허리끈 끝단을 시작으로 전체를 홈질해요.

39 허리끈을 바느질한 모습이에요.

40 밑단의 시접을 접어서 시침핀으로 고정시켜요.

41 공그르기로 밑단을 마무리해요.

42 치마의 안면과 몸판의 겉면을 중심끼리 맞춰서 시침핀으로 고정시켜요.

43 공그르기로 안쪽을 홈질해요.

44 안쪽을 공그르기한 모습이에요.

45 앞쪽도 몸판과 허리끈을 공그르기합니다.

46 어깨끈의 끝부분과 허리끈을 맞추고 시침핀으로 고정시켜요.

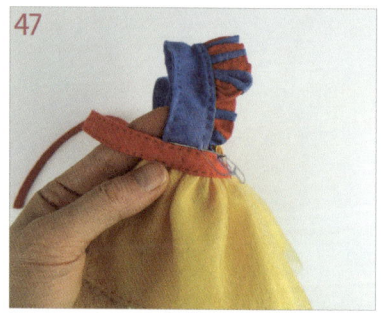

47 공그르기로 앞쪽과 안쪽을 바느질해서 고정시켜요.

48 뒷면이 완성된 모습이에요.

49 앞면이 완성된 모습이에요.

PART 04

Act

러블리 앞치마 · 넥칼라 만들기 · 플라워 케이프

망사 속치마 · 블루머 · 런닝 · 팬티

반양말 · 리본슈즈 · 리본핀 · 헤어밴드 · 망사 리본 레이스 머리띠

요정 모자 · 썬캡 · 백팩 · 옷걸이 만들기 · 멍뭉이 슬리퍼

Styling Tip
Act

러블리 앞치마

실물 크기 도안 239쪽

원단 앞판/뒤판 25×14 1장, 어깨끈 5×17 2장, 허리끈 5.5×57 1장
부자재 레이스 90cm(앞치마 레이스 55cm 1줄, 어깨 레이스 36cm 1줄), 리본 1개, 코사지핀 1개

How to Make

01 레이스 1줄과 앞판 1장, 뒤판 1장은 윗부분 시접은 0.7cm, 라운드 부분 시접은 0.5cm를 주어 재단해 준비하세요.

02 레이스 총 길이 90cm에서 앞치마 레이스 55cm를 잘라서 홈질로 주름을 잡아주세요.

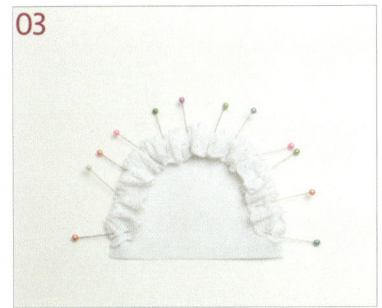

03 앞판의 겉면에 주름을 잡은 레이스 겉면을 맞대고 시침핀으로 고정시켜요.

> **TIP** 레이스 양끝 위치는 윗부분의 시접선까지만 맞춰주세요.

04 홈질하여 레이스를 부착해주세요.

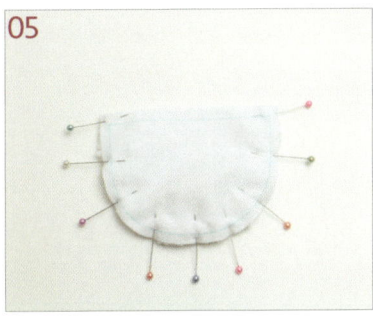

05 뒤판의 겉면과 레이스를 단 앞판의 겉면을 서로 맞대고 시침핀으로 고정시켜요.

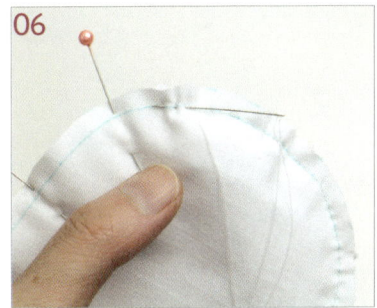

06 시접을 홈질해요.

07 겉면 쪽으로 뒤집어서 잘 다려 정리해주세요.

08 레이스가 달린 둘레를 홈질해요.

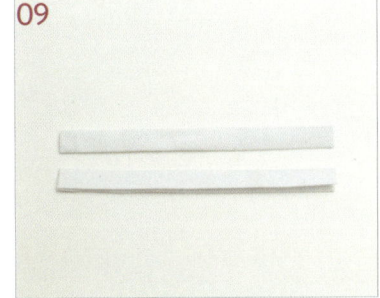

09 어깨끈은 1/4등분으로 접어서 다려주고, 양끝의 한쪽 면만 안으로 시접을 0.7cm 접어서 넣어줍니다.

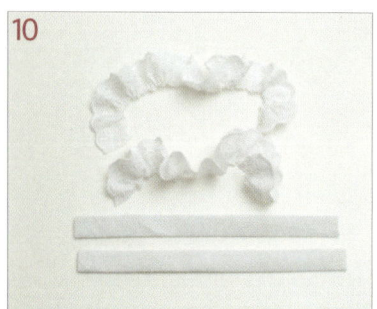

10

어깨끈과 어깨끈에 들어갈 레이스를 프릴을 잡아 준비합니다.

11

어깨끈 사이에 프릴을 잡아준 레이스를 끼워 잘 정리한 후 시침핀으로 고정시켜요.

12

어깨끈의 양옆을 홈질해요.

13

완성된 어깨끈이에요.

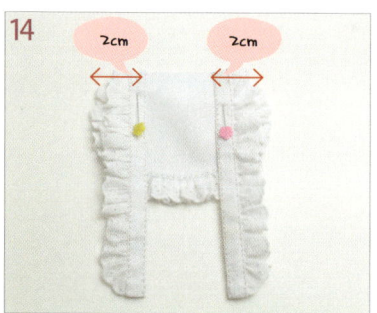

14

앞치마 양끝에서 2cm 부분에 어깨끈을 놓고 시침핀으로 고정시킨 후 홈질해요.

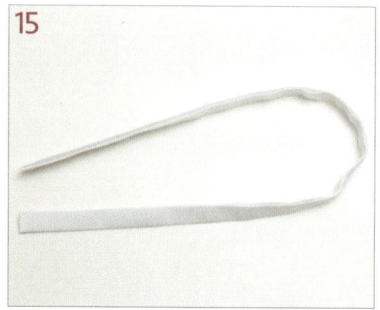

15

앞치마 허리끈을 1/4등분으로 다려서 접어주고, 양끝도 안으로 접어 넣어 정리해주세요.

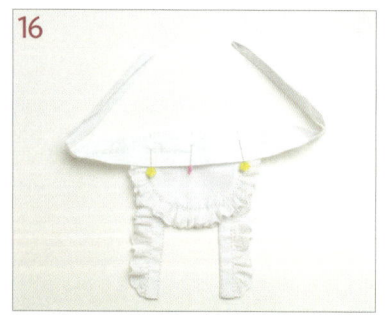

16

앞치마 뒤판의 중심에 허리끈 겉면의 중심을 맞추어 시침핀으로 고정시켜요.

17

홈질로 끈을 부착해주세요.

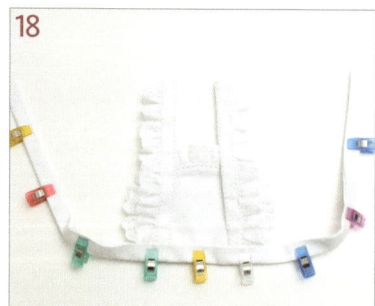

18

앞판으로 허리끈을 접어서 고정합니다.

19 허리끈을 끝에서부터 홈질하여 달아주세요.

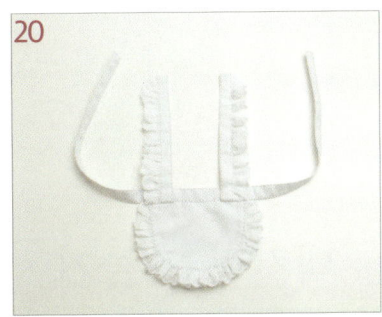
20 허리끈을 달아준 모습이에요.

21 어깨끈 뒤쪽을 허리끈에 홈질로 고정시켜요.

22 리본과 코사지핀을 준비합니다.

23 리본 안쪽에 코사지핀을 글루건으로 붙여주세요.

24 앞치마 허리 중심에 리본을 달아 완성합니다.

넥칼라 만들기

실물 크기 도안 211쪽

원단 12×16 2장
부자재 리본(폭 0.5cm) 12cm 2줄

How to Make

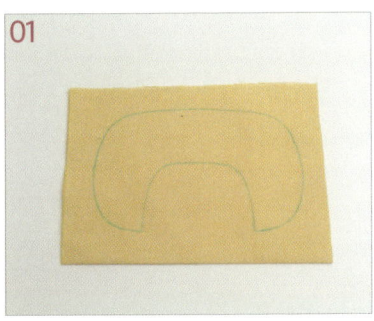

01
원단 2장을 겉면끼리 맞댄 후 패턴을 대고 그려주세요.

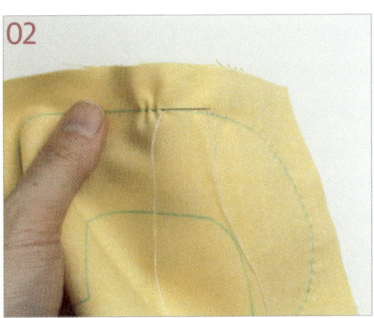

02
먼저 도안의 가장자리를 따라 홈질해요.

03
리본이 달릴 부분에 준비한 리본을 안쪽으로 넣어주세요.

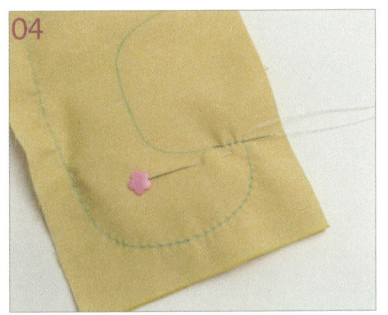

04
리본을 시침핀으로 잘 고정시켜요. 이때 리본이 바느질할 부분에 겹치지 않도록 위치를 잘 잡아줘야 합니다.

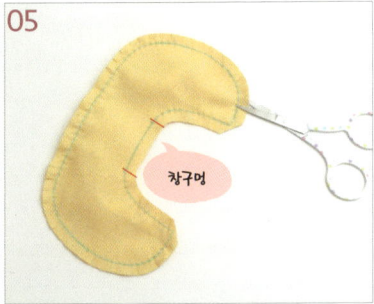

05
안쪽에 창구멍을 남기고 바느질하고, 시접은 0.5cm 남기고 잘라주세요. 곡선 부분에 모두 가위집을 내주세요.

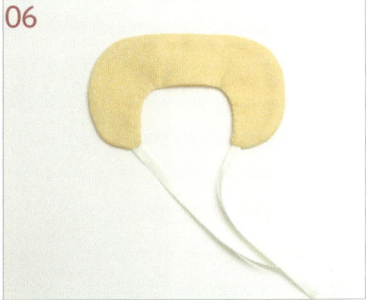

06
뒤집어서 창구멍을 잘 정리해주고 다리미로 다려요.

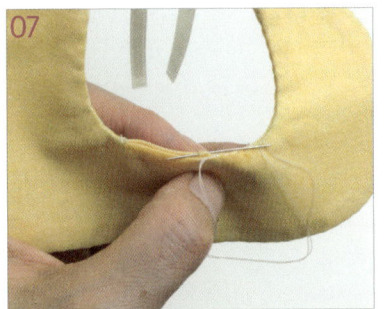

07
창구멍에 공그르기를 해서 마무리해주세요.

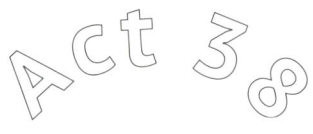

플라워 케이프

실물 크기 도안 238쪽

원단 16×23 2장
부자재 리본끈(폭 0.5cm) 12cm 2줄

How to Make

01
원단 2장은 겉면끼리 겹쳐서 도안을 그려주세요.

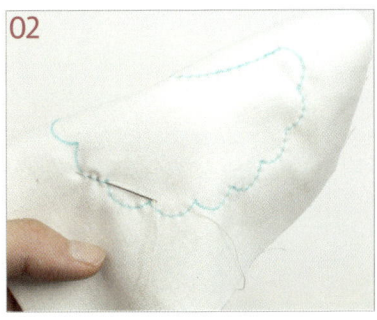

02
창구멍을 제외하고 촘촘하게 홈질해요.

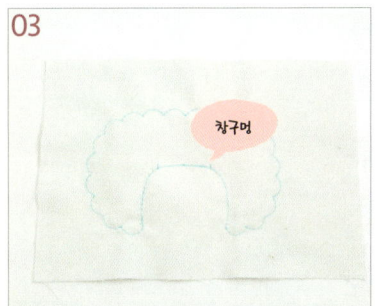

03
창구멍을 제외한 둘레를 홈질한 모습이에요.

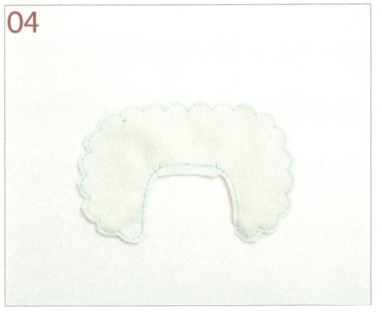

04
창구멍 시접은 0.5cm, 나머지 시접은 최대한 짧게 잘라주고, 곡선 사이사이에 가위집을 내주세요.

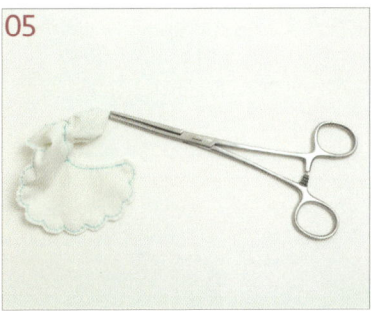

05
겸자를 이용해서 창구멍으로 뒤집어주세요.

06
정리해서 다려주세요.

07
창구멍은 공그르기로 마무리해주세요.

08
테두리에 홈질로 포인트 스티치를 넣어주세요.

09
테두리를 홈질한 모습이에요.

리본끈 끝을 한 번 접어주세요.

리본끈을 케이프 안면 양끝에 바느질로 고정시켜요.

완성.

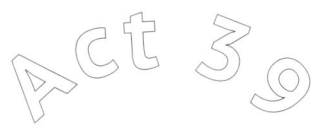

망사 속치마

원단 80×11 4장
부자재 고무밴드(폭 2cm) 23cm 1개

How to Make

01
원단을 4장 겹쳐서 홈질로 주름을 만들어요.

02
주름은 고무밴드 길이에 맞춰서 만들어요.

03
고무밴드에 치마를 맞대고 시침핀으로 고정시켜요.

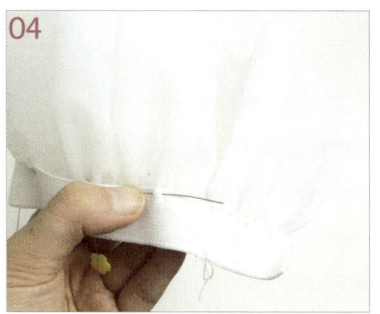

04
촘촘하게 홈질해요.

05
고무밴드에 치마를 연결한 모습이에요.

06
고무밴드에서 치마까지 겉면끼리 맞대고 고정시켜요.

07
시접을 0.5cm 주고 홈질해서 연결해주세요.

08
고무밴드 연결 부분의 시접은 한쪽으로 꺾어서 겉면에서 상침해서 완성해요.

09
완성한 모습이에요.

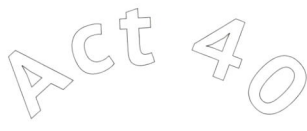

블루머

실물 크기 도안 245쪽

원단　31×21
부자재　허리고무줄(폭 1.2cm) 22cm, 고무실 25cm

How to Make

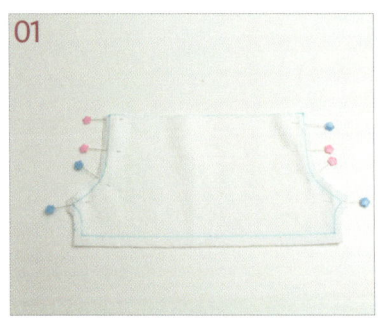

앞판 1장과 뒤판 1장의 허리 부분은 시접 없이, 밑단은 시접 1cm, 나머지 시접은 0.7cm 주어 재단한 후 2장을 겉면끼리 맞대고 시침핀으로 고정해요.

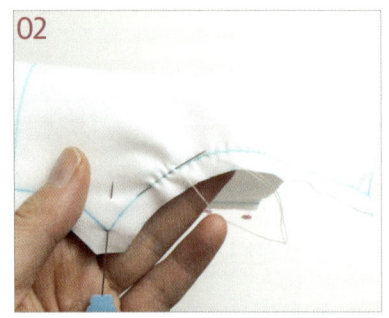

01에서 시침핀으로 고정해준 부분을 홈질해요.

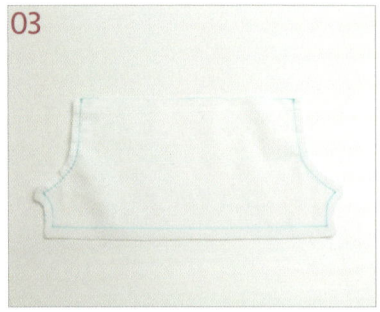

홈질한 모습이에요.

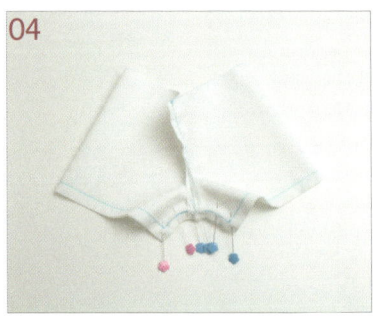

03에서 홈질한 부분을 서로 겉면으로 맞대고 시침핀으로 고정해요.

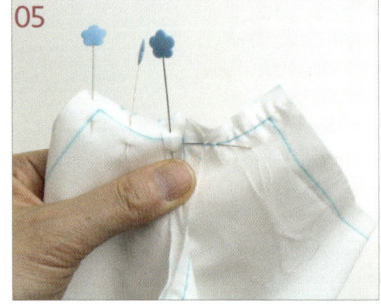

아랫부분을 홈질해요.

뒤집어서 정리해주세요.

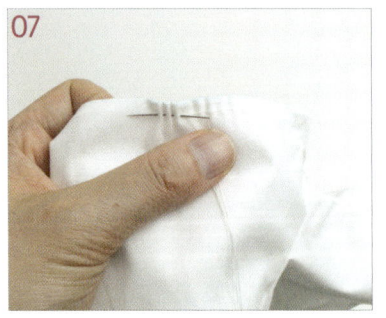

밑단 시접을 기준으로 반씩 2번 접어서 홈질해요.

밑단을 홈질한 모습이에요.

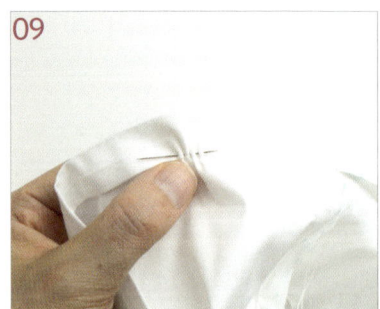

허릿단은 0.5cm 접고, 1.5cm 접어서 창구멍을 제외하고 홈질해요.

창구멍으로 허리고무줄을 넣어주세요.

서로 맞닿는 고무줄을 겹쳐서 사각형 모양으로 바느질해서 연결해주세요.

창구멍을 홈질로 마무리해주세요.

밑단은 고무실로 셔링을 잡아주세요.

완성.

러닝

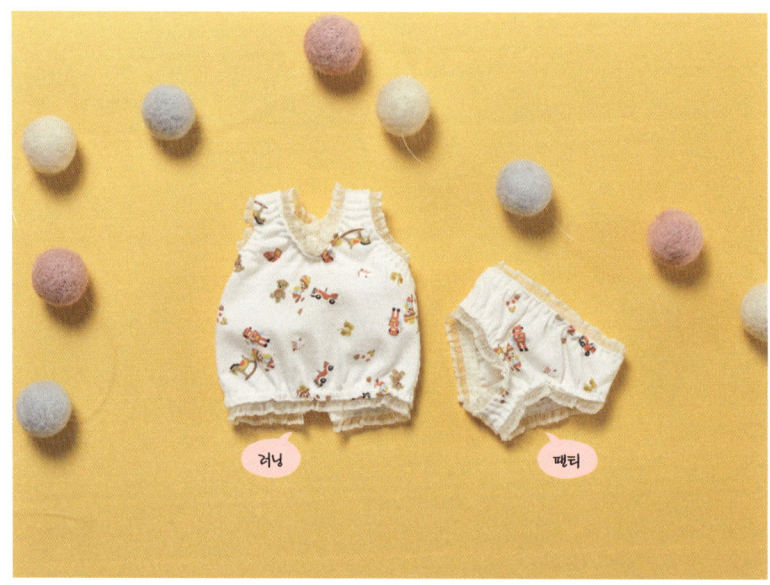

실물 크기 도안 246쪽

원단 16×19 2장
재단 앞판 1장, 뒤판 2장
부자재 고무줄 레이스(목둘레 20cm, 암홈 26cm, 밑단 24cm), 스냅단추 2쌍

How to Make

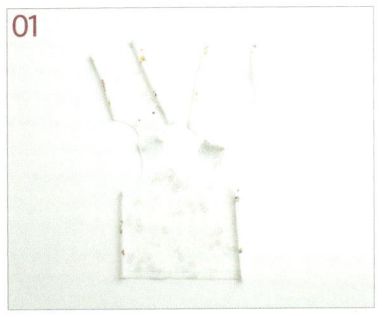

앞판 1장, 뒤판 2장은 전체 시접을 0.7cm 주어 재단한 후, 앞판과 뒤판의 어깨선을 겉면끼리 맞대고 홈질해요.

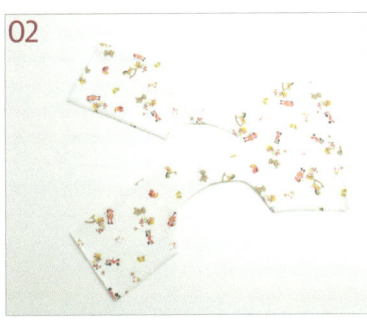

앞판과 뒤판의 어깨를 연결한 모습이에요.

암홀라인에 고무줄 레이스를 맞추어서 시침핀으로 고정하세요.

홈질로 고무줄 레이스를 부착해주세요.

암홀라인에 고무줄 레이스를 부착한 모습이에요.

나머지 한쪽 암홀라인에도 고무줄 레이스를 부착해주세요.

목둘레에도 고무줄 레이스를 홈질로 부착해주세요.

뒤판 중심의 시접을 각각 접어 다려주세요.

홈질해요.

뒤 중심의 시접을 바느질한 모습이에요.

앞판과 뒤판을 겉면이 마주하게 옆선을 서로 맞추어 시침핀으로 고정하세요.

옆선을 홈질해요.

옆선의 시접을 뒤판 쪽으로 넘겨서 홈질해요.

밑단을 접어서 다려주세요. 밑단에 고무줄 레이스를 맞추어서 시침핀을 꽂아주세요.

홈질해요.

윗부분도 한 번 더 바느질해주세요.

 레이스가 들뜨지 않게 고정시켜 주는 거예요.

밑단에 고무줄 레이스를 부착한 모습이에요.

뒤 중심에 스냅단추를 달아 완성해요.

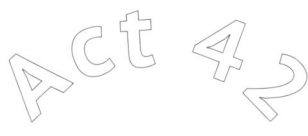

팬티

실물 크기 도안 247쪽

원단 21×20
부자재 고무줄 레이스(다리 부분 16cm 2개, 허리 부분 10cm 2개)

How to Make

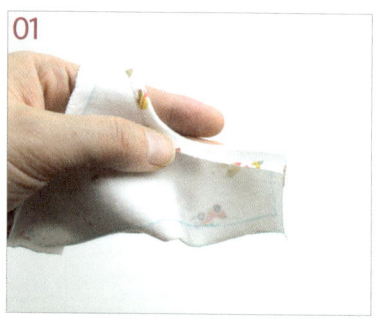

앞판과 뒤판을 연결해서 패턴을 그린 후 전체 시접을 0.7cm 주어 재단해요. 다리 부분의 시접을 접어주세요.

다리 부분의 고무줄 레이스를 맞대고 시침핀으로 고정시킨 후 홈질해요.

홈질한 부분 바로 윗부분을 한 번 더 홈질해요.

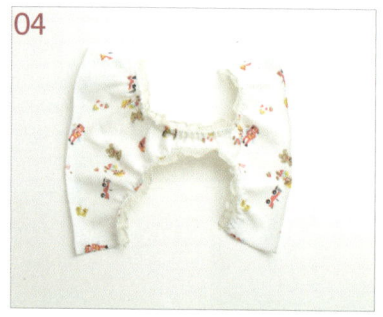

다리 부분에 고무줄 레이스를 연결한 모습이에요.

허리 부분에 고무줄 레이스를 맞대고 시침핀으로 고정시킨 후 홈질해요.

허리 부분, 다리 부분에 모두 레이스를 둘러준 모습이에요.

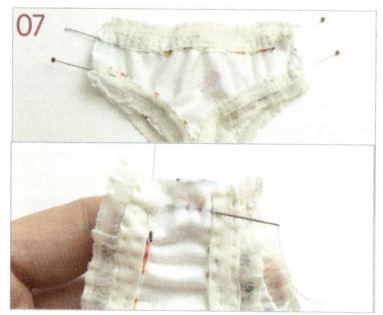

겉면끼리 반을 접어서 옆면을 시침핀으로 고정시켜요. 옆면을 홈질해요.

시접을 뒤판 쪽으로 꺾어서 홈질하여 시접을 정리해주세요.

완성된 모습이에요.

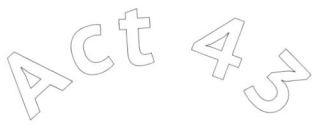

반양말

실물 크기 도안 248쪽

원단　15×14

How to Make

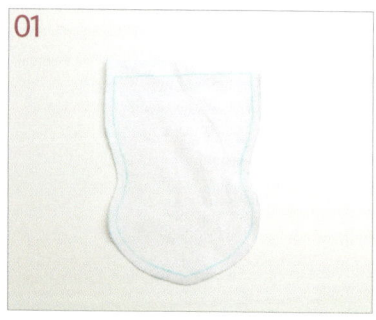
윗부분의 시접은 1cm, 나머지는 시접을 0.7cm 주어 재단해요.

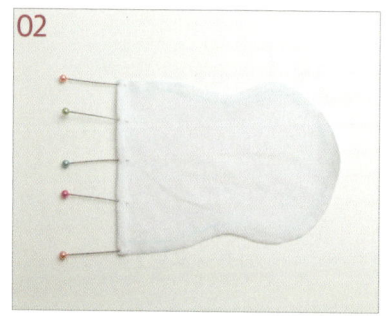
윗부분은 겉면 쪽으로 시접을 0.5cm씩 2번 접어서 시침핀으로 고정시켜요.

홈질해요.

홈질한 모습이에요.

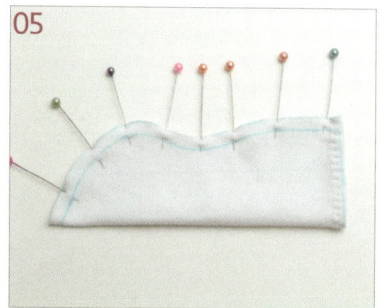
겉면으로 반을 접어서 시침핀으로 고정시켜요.

시접을 홈질해줍니다.

위쪽 접힌 부분의 시접은 감침질하여 정리해요.

완성.

리본슈즈

실물 크기 도안 248쪽

원단 겉감 20×25 1장, 안감 20×25 1장
재단 겉감 등판 2장, 안감 등판 2장, 겉감 바닥 2장, 안감 바닥 2장, 등판 접착솜 2장, 바닥 접착솜 2장
부자재 접착솜 20×25 1장, 리본끈(폭 2cm) 11cm 2줄, 리본끈(폭 0.5cm) 7cm 1줄, 코사지핀 2개

How to Make

01 안감과 겉감은 모두 전체 시접을 0.5cm 주어 재단해주세요.

02 겉감에 붙일 접착솜은 시접 없이 재단해주세요.

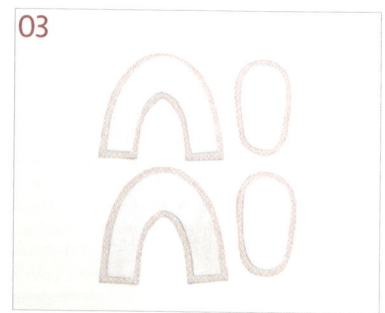

03 겉감에 접착솜을 붙여주세요.

Tip 다리미로 문지르는 것이 아니라 꾹 눌러서 열을 가한 후 붙여주세요.

04 겉감 등판과 안감 등판의 뒤꿈치 부분을 서로 겉면끼리 맞추고 홈질해요.

05 겉감과 안감의 등판을 서로 겉면끼리 맞대고 안쪽 둘레에 시침핀을 꽂아 고정시켜요.

06 촘촘하게 홈질해요.

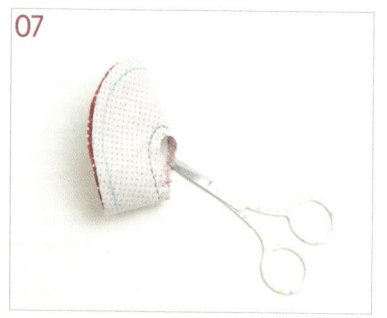

07 홈질한 부분은 가위집을 내주세요.

08 겉감 등판과 안감 등판이 연결된 모습이에요.

09 안감 등판을 안쪽으로 집어넣어 정리해주세요.

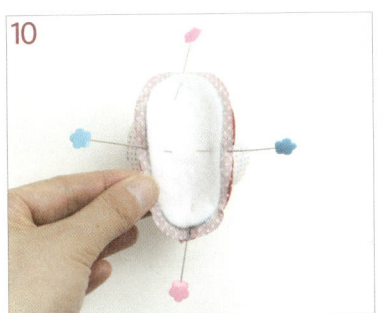

겉감의 등판과 겉감의 바닥을 서로 겉면끼리 맞춰서 시침핀으로 고정시켜요.

촘촘하게 홈질해요.

Tip 바느질할 때 솜이 집히지 않도록 시접만 바느질 합니다.

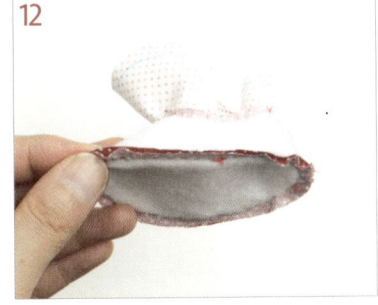

겉감의 등판과 바닥이 연결된 모습이에요.

안감의 등판과 안감의 바닥에 창구멍을 표시한 후 서로 겉면끼리 맞대고 시침핀으로 고정시켜요.

창구멍을 제외하고 촘촘하게 홈질해요.

안감 바닥과 등판이 연결된 모습이에요.

안감의 창구멍으로 뒤집어주세요.

창구멍은 공그르기로 마무리해주세요.

안감을 안쪽으로 집어넣어서 정리해주세요.

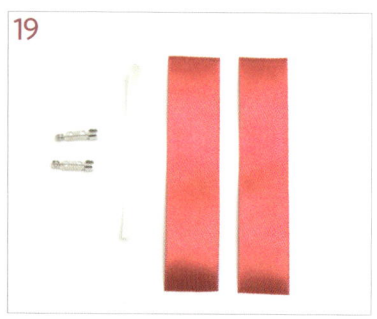

19 넓은 리본끈과 얇은 리본끈, 코사지핀을 준비합니다.

20 넓은 리본끈은 끝부분을 서로 연결한 후 글루건으로 붙여 원형을 만들어주세요.

21 중심 부분에 주름을 예쁘게 잡아주세요.

22 얇은 리본끈 중심에 글루건으로 붙여서 마무리해주세요.

23 뒤쪽에 코사지핀을 붙여주세요.

24 등판에 달아 완성합니다.

Tip 리본슈즈 패턴에 폭이 좁은 등판과 폭이 넓은 등판, 2가지를 넣어두었어요. 등판의 폭에 따라서 신발의 느낌이 달라지니 원하는 패턴을 선택해서 만들어보세요.

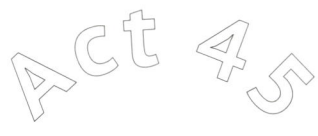

리본핀

실물 크기 도안 246쪽

원단 18×10 2장
부자재 리본끈(폭 1cm) 16cm 1줄

How to Make

01
원단을 겉면끼리 반을 접어서 맞추고 도안을 대고 그려주세요.

02
창구멍을 제외하고 홈질해요.

 창구멍은 곡선이 원만한 곳에 표시해주세요.

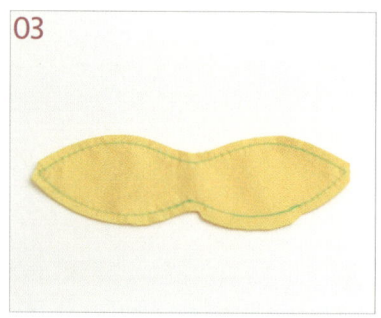

03
시접은 0.5cm 남기고, 창구멍 부분은 0.5~0.7cm로 주고 잘라주세요.

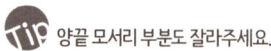 양끝 모서리 부분도 잘라주세요.

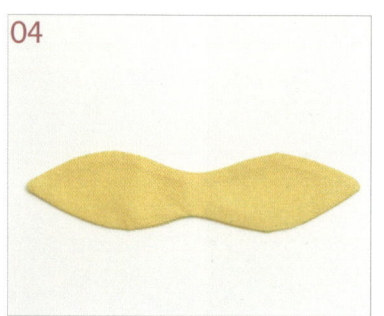

04
창구멍으로 뒤집어서 정리해주세요.

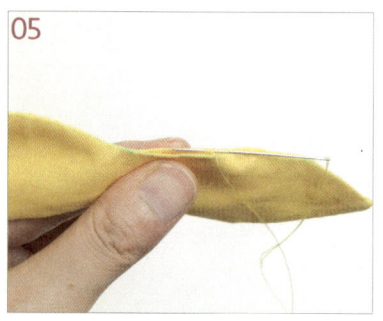

05
창구멍은 공그르기한 후 다려서 정리해주세요.

06
중심 부분을 묶어서 매듭을 지어주세요.

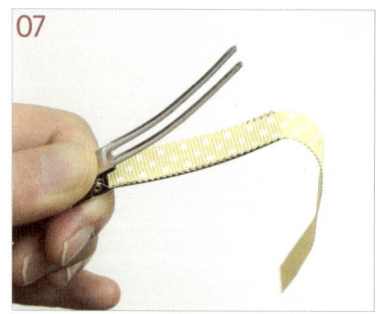

07
핀대에 리본끈을 안쪽부터 붙여나갑니다.

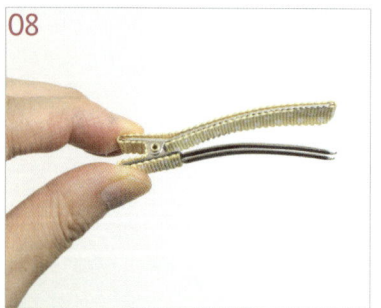

08
겉면으로 둘러서 손잡이를 지나서 아랫부분까지 붙여주세요.

09
만들어 놓은 리본을 글루건으로 붙여 고정시키면 완성이에요.

헤어밴드

실물 크기 도안 245쪽

원단 26×3 2장
부자재 레이스 47cm, 레이스끈 16.5cm 2줄

How to Make

01
레이스와 레이스끈, 도안을 대고 재단한 헤어밴드 2장을 준비해주세요.

Tip 헤어밴드 폭은 넓게 조절해서 만들어도 좋아요.

02
레이스를 홈질하여 주름을 만들어주세요.

03
헤어밴드 1장에 주름을 잡아준 레이스를 맞춰 고정시켜요.

Tip 시작과 끝부분은 0.7cm 띄운다.

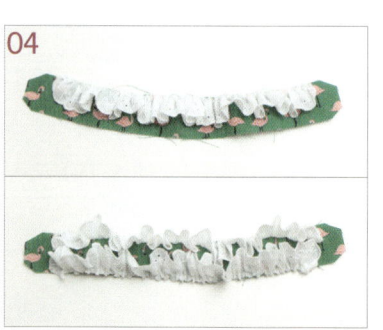

04
레이스를 홈질한 모습이에요. 반대편에도 주름레이스를 홈질해요.

05
양끝에 레이스끈을 홈질해서 고정시켜요.

06
헤어밴드 나머지 1장과 겉면끼리 맞대고 고정시켜요.

07
창구멍을 남기고 전체 둘레를 홈질해요. 창구멍으로 뒤집어주세요.

08
창구멍을 정리하여 전체 둘레를 홈질해요.

09
완성한 헤어밴드예요.

*

망사 리본 레이스 머리띠

원단　36×11 2장
부자재　진주 구슬(지름 0.6cm) 6개, 베이비돌용 머리띠 1개, 리본끈(0.5cm) 52cm 1줄

How to Make

01
재료를 준비해주세요.

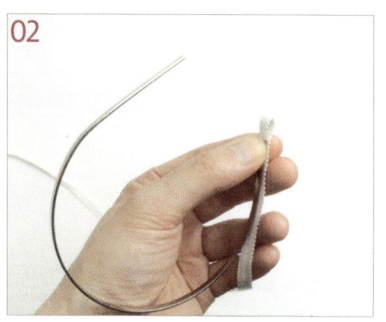

02
리본끈을 접어서 머리띠 끝부분에 글루건으로 붙여주세요.

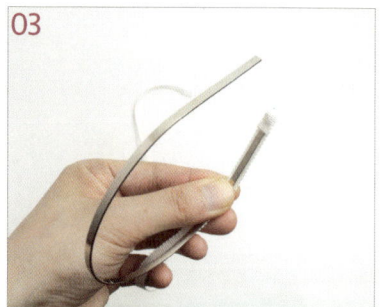

03
머리띠 중심에 리본끈을 맞춰서 천천히 붙여 나가요.

04
겉부분을 붙였으면 연결해서 안쪽까지 붙여 마무리합니다.

05
망사 원단 2장의 중심에 홈질하여 주름을 잡아주세요.

06
중심에 바느질을 해서 주름이 풀리지 않도록 고정시켜요.

07
실은 끊지 않고 그대로 바로 진주 구슬을 하나씩 끼워서 중심에 맞춰주세요.

08
뒤쪽에서 바느질을 해서 진주 구슬을 고정시켜요.

09
머리띠에 망사 리본을 붙여 완성해요.

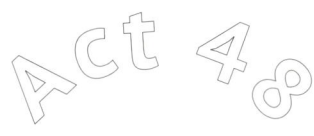

요정 모자

실물 크기 도안 249쪽

원단 40×40
재단 겉감 2장, 안감 2장
부자재 리본끈 20cm 2줄, 털방울 1개

How to Make

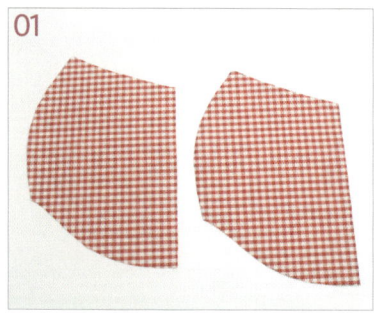

겉감 2장은 전체 시접을 0.5cm 주어 재단하세요.

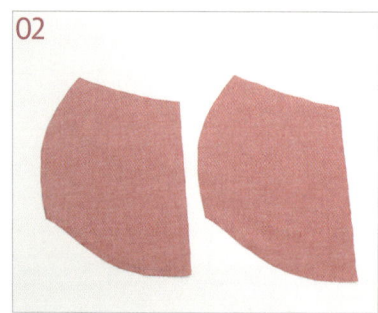

안감 2장도 전체 시접을 0.5cm 주어 재단하세요.

겉감 2장은 겉면끼리 맞대고 시침핀으로 고정시키고, 안감 2장도 겉면끼리 맞대어 시침핀으로 고정시켜요.

겉감을 위에서 뒤통수까지 홈질해요.

안감도 04처럼 홈질해요.

안감을 홈질한 모습이에요.

겉감을 홈질한 모습이에요.

겉감은 놔두고 안감만 뒤집은 것과 리본끈을 준비해주세요.

겉감과 안감의 아래 끝부분 사이에 리본끈을 안으로 집어넣어 정리해주세요.

안감과 겉감을 서로 겉면끼리 맞대고 시침핀으로 고정시켜요.

창구멍을 남기고 홈질해요.

창구멍으로 뒤집어서 정리해주세요.

창구멍이 있는 면의 전체 둘레를 홈질해요.

홈질한 모습이에요.

꼭지 부분에 털방울을 달아주세요.

완성.

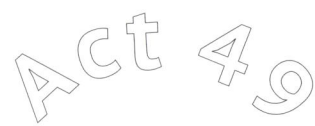

썬캡

실물 크기 도안 250쪽

원단 50×20
재단 챙 2장, 챙 둘레 2장, 뒤 연결끈 2장, 챙 접착솜 1장, 챙 둘레 접착솜 1장
부자재 접착솜 50×12 1장, 길이조절비조 1개

How to Make

01

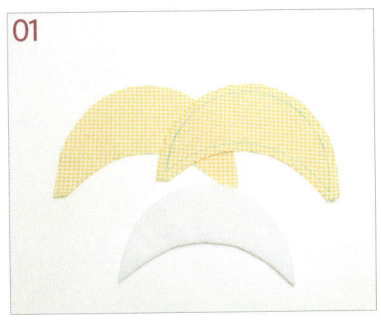

챙 2장은 전체 시접 0.7 cm, 챙 접착솜은 시접 없이 재단해주세요.

02

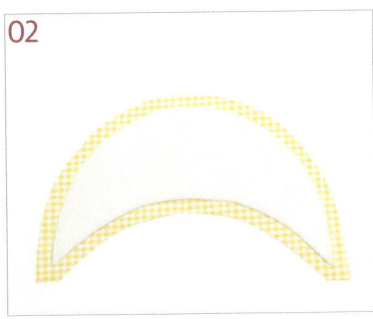

챙 1장에 접착솜을 붙여주세요.

03

나머지 챙 1장과 02를 겉면끼리 맞대고 시침핀으로 고정시켜요.

04

챙 앞 둘레를 홈질해요.

05

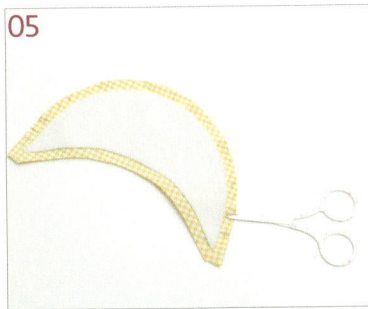

홈질한 부분에 가위집을 내주세요.

06

바느질하지 않은 부분에서 뒤집어서 다려주세요.

07

챙 앞 둘레는 겉면 쪽으로 상침해주세요.

08

챙 앞 둘레를 상침한 모습이에요.

09

챙 둘레 2장은 전체 시접 0.7cm, 챙 접착솜은 시접 없이 재단해주세요.

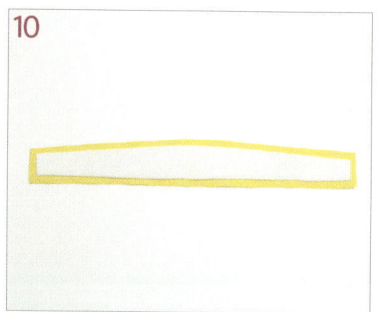

10 챙 둘레 1장에 챙 접착솜을 붙여주세요.

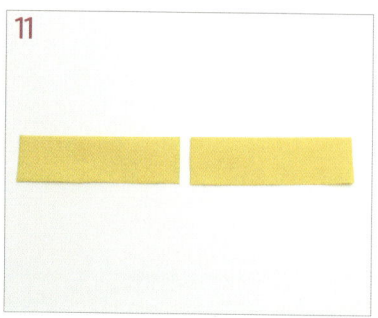

11 뒤 연결끈은 시접 없이 재단하고 반으로 접어서 준비해요.

12 0.7cm 부분을 그려주고, 홈질해요.

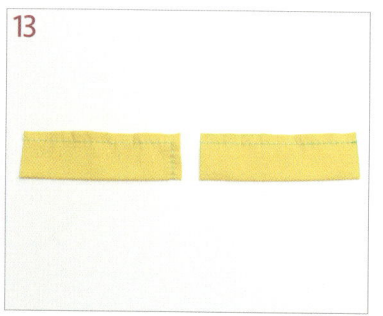

13 뒤 연결끈 하나는 ㄱ자 모양으로 홈질하고, 나머지 하나는 윗부분만 홈질해요.

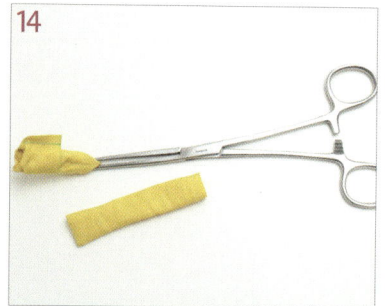

14 겸자를 이용해서 뒤집어주세요.

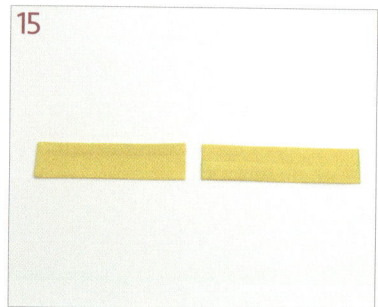

15 다려서 정리해주세요.

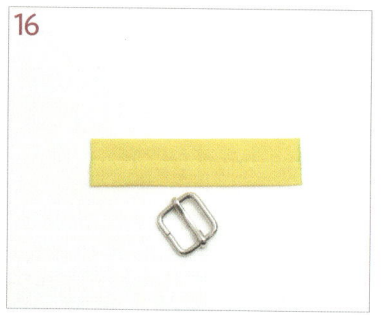

16 양끝이 뚫려 있는 뒤 연결끈과 길이조절비조를 준비해요.

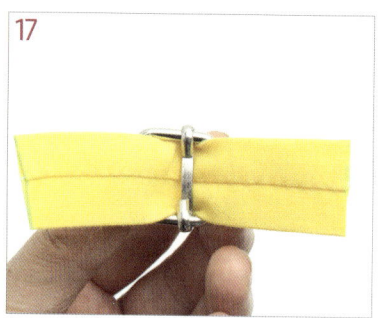

17 길이조절비조 중심에 뒤 연결끈을 넣어요.

18 뒤 연결끈을 반으로 접어주세요.

접어준 부분은 시접 0.5cm 부분에 홈질해서 고정해요.

접착솜을 붙여주지 않은 챙 둘레 한쪽의 적당한 위치에 19를 놓아주세요.

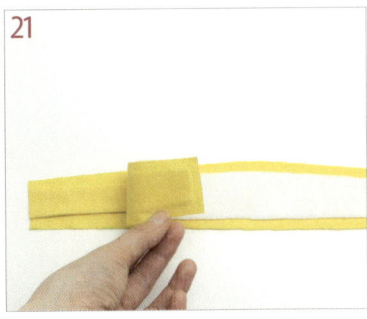

나머지 한쪽엔 ㄱ자 모양으로 바느질한 연결끈을 적당한 위치에 놓아요.

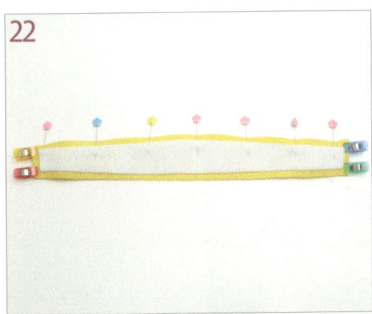

접착솜을 붙여준 챙 둘레와 겉면끼리 맞대고 고정시켜요.

아랫부분을 제외한 나머지 둘레를 홈질해요.

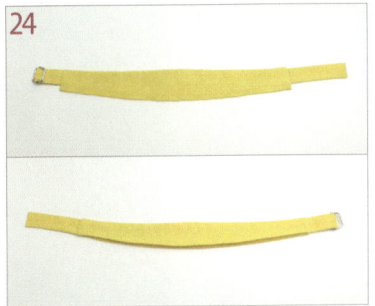

바느질하지 않는 부분으로 뒤집어 정리해서 다린 후 아래쪽 시접도 접어서 다려주세요.

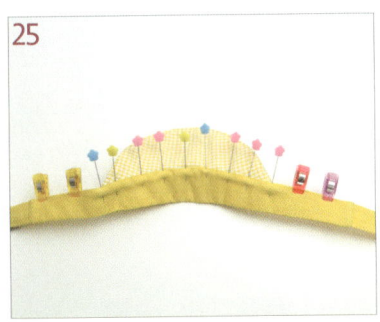

챙 중심과 챙 둘레의 중심을 먼저 맞추어 시침핀으로 고정시킨 후 나머지 부분도 시침핀으로 고정시켜요.

전체 둘레를 홈질해요.

완성.

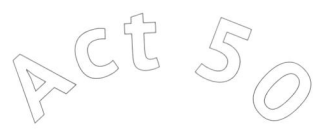

백팩

실물 크기 도안 251쪽

원단 겉감 65×25 1장, 안감 20×50 1장
재단 겉감 앞판a 1장, 앞판b 1장, 뒤판 1장, 앞주머니 2장, 앞주머니 뚜껑 2장, 밑판 1장, 지퍼 달린 곳 2장, 안감 앞판 1장, 안감 뒤판 1장, 안감 밑판 1장, 안감 지퍼 달릴 곳 2장, 접착솜 앞판 1장, 뒤판 1장, 밑판 1장, 어깨끈 2장
부자재 지퍼(길이 16.5cm) 1줄, 접착솜 25×20 1장, 리본끈(폭 1cm) 7cm 1줄, 단추 1개, 스냅단추 1쌍, 끼움라벨 1개

How to Make

01
겉감 앞판a 1장, 겉감 앞판b 1장은 전체 시접을 0.5m 주어 재단하세요.

02
2장을 서로 겉면끼리 맞대고 시침핀 고정시킨 후 홈질해요.

03
겉감 앞판a와 겉감 앞판b를 연결한 모습이에요.

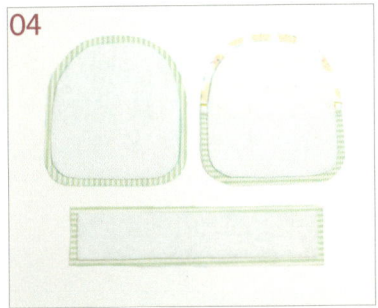

04
뒤판 1장과 밑판 1장은 전체 시접을 0.5cm 주어 재단하고, 각각에 붙여줄 접착솜은 시접 없이 재단해서 붙여주세요.

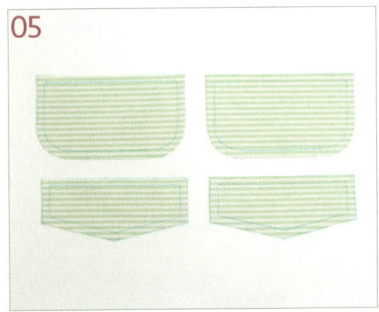

05
앞주머니 2장과 앞주머니 뚜껑 2장은 전체 시접을 0.5cm 주어 재단하세요.

06
앞주머니 2장을 서로 겉면끼리 맞대고 홈질로 연결해주세요.

07
겉면 쪽으로 접어서 다려주세요.

08
앞주머니 뚜껑 2장은 창구멍을 표시한 후 겉면끼리 맞대고 시침핀으로 고정시켜요.

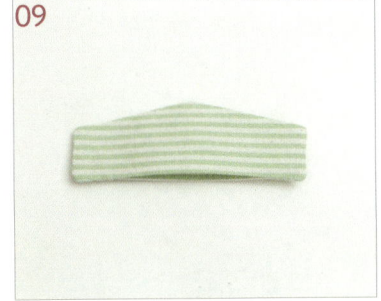

09
창구멍을 제외하고 홈질한 후 창구멍으로 뒤집어서 창구멍 시접을 정리해주세요.

10

앞주머니를 겉면에 맞대주세요.

11

시침핀 고정해서 밑 둘레를 홈질해요.

12

앞주머니를 홈질해서 부착한 모습이에요.

13

앞주머니 뚜껑을 앞판의 적당한 위치에 놓은 후 시침핀으로 고정시켜요.

14

뚜껑의 윗부분을 홈질해요.

15

앞주머니 뚜껑을 달아준 모습이에요.

16

뚜껑에 단추를 달아주세요.

17

안쪽에 스냅단추를 각각 달아주세요.

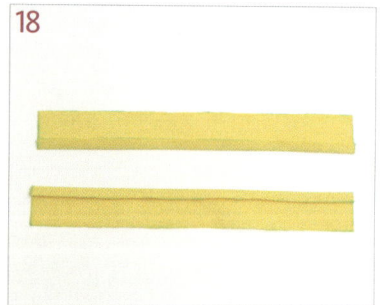

18

지퍼가 달린 부분 원단은 시접 없이 재단하고, 원단의 한 면씩만 시접을 0.5cm 접어서 다려주세요.

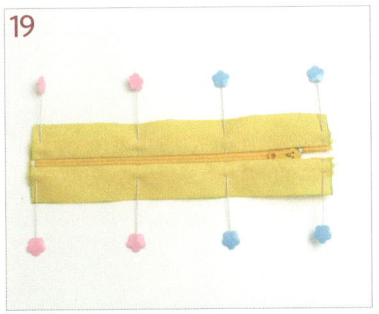

19 지퍼에 접은 부분을 맞대고 시침핀으로 고정시켜요.

20 홈질로 지퍼를 달아준 모습이에요. 어깨끈은 6×16으로 2장 재단하여 4등분해서 접어서 다려주세요.

21 홈질해요.

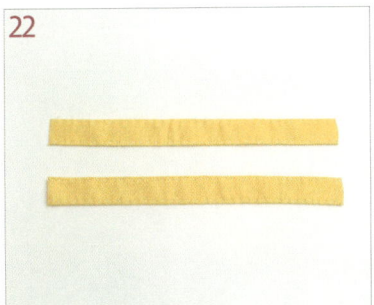

22 어깨끈을 홈질한 모습이에요.

23 밑판과 지퍼 사이에 끼움라벨을 놓아주세요.

24 홈질해서 연결해주세요.

25 밑판 시접을 밑판 쪽으로 꺾어준 후 겉면에서 홈질해주세요.

26 지퍼와 밑판을 연결해서 원형으로 만든 모습이에요.

27 겉면의 뒤판 중심에 리본끈을 달아주세요.

28 어깨끈을 맞대고 시침핀으로 고정시켜요.

29 겉감의 앞판과 26을 겉끼리 맞춰서 고정시켜요.

30 홈질해요.

31 앞판의 겉감과 둘레를 연결한 모습이에요.

32 겉감의 뒤판과 둘레를 연결해서 고정해서 바느질해주세요.

33 겉감을 모두 연결한 모습이에요.
안감은 지퍼만 달리지 않았을 뿐 겉감과 같은 방법으로 바느질해서 준비해주세요.

Tip 29~32번 과정 참고하기

34 겉감과 안감의 안면을 서로 잘 맞추어서 시침핀으로 고정시켜요.

35 공그르기로 안감을 달아주세요.

36 안감을 연결해서 달아서 완성된 모습이에요.

옷걸이 만들기

재료　와이어, 펜치

How to Make

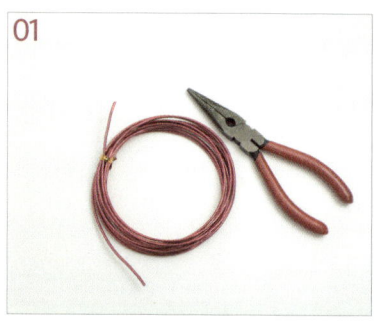

01

와이어는 동대문 부자재 코너에 가면 쉽게 구입할 수 있어요. 굵기와 색상이 다양하게 있으니 선택해서 사용하면 됩니다.

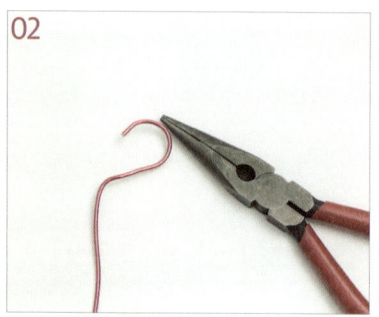

02

먼저 고리를 만들어요.

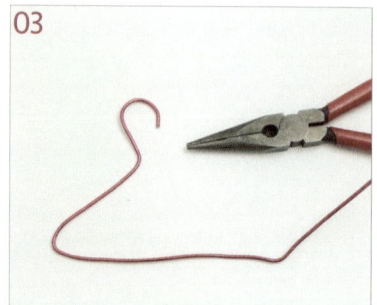

03

펜치로 옷걸이 모양을 만들어나갑니다.

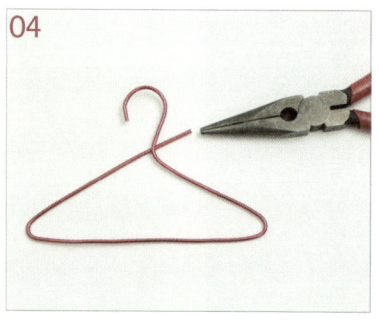

04

삼각형 모양으로 접었으면 끝부분은 펜치로 감아 마무리하세요.

05

완성된 옷걸이에요.

06

이렇게 상의나 원피스 종류를 걸어주면 돼요.

07

이건 바느질할 때 시접을 고정시키는 집게인데요. 이것도 유용하게 쓰일 수 있어요.

08

만들어 놓은 옷걸이에 걸어주세요.

09

바지나 스커트를 고정해서 걸어주면 돼요.

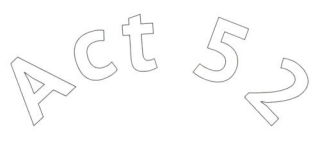

멍뭉이 슬리퍼

실물 크기 도안 252쪽

원단 양털 원단 20×40 1장, 체크 원단 26×17 1장
재단 발등 4장, 발바닥 4장, 귀 4장, 코 2장
부자재 솜 약간, 구슬(6mm) 4개, 갈색 펠트지 약간

How to Make

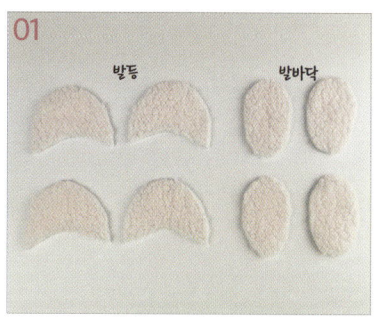

01 양털 원단에 발등 4장과 발바닥 4장을 그린 후 재단해요.

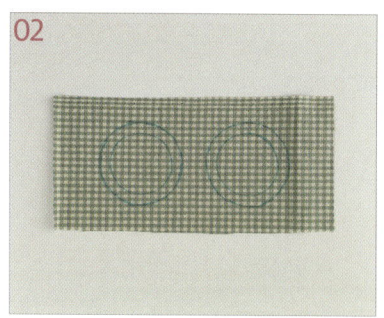

02 체크 원단을 10×10으로 잘라서 코를 그린 후 시접 0.5mm를 표시해요.

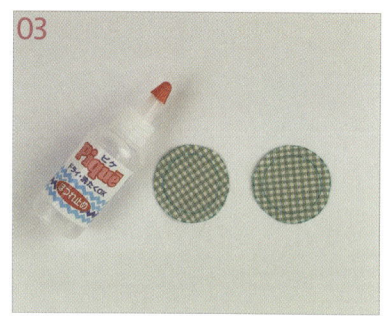

03 가장자리에 올풀림방지액을 바른 후 말려줍니다.

04 완성선을 따라 홈질해요.

05 홈질한 실을 살짝 당겨주세요.

06 솜을 안쪽에 넣어요.

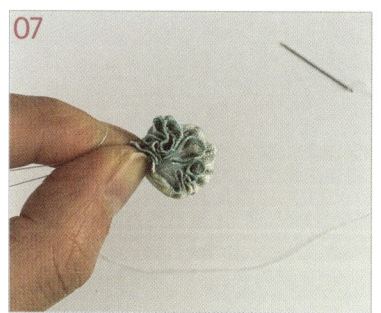

07 홈질한 실을 바짝 당겨주세요.

08 지그재그로 바느질해 입구를 막아주세요.

09 안쪽이 마무리된 모습이에요.

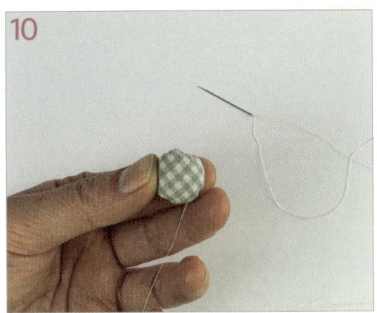

10 겉면이 마무리된 모습이에요.

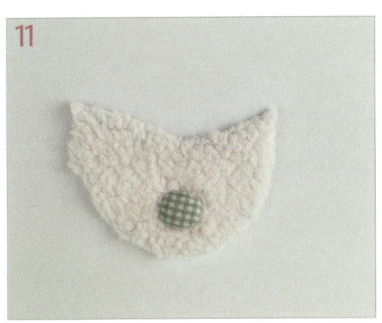

11 발등 1장을 준비한 후 만든 코를 공그르기로 달아줘요.

12 입 모양을 그려주세요.

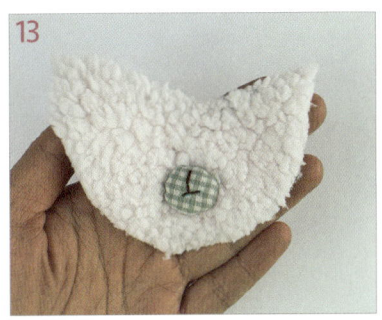

13 입 모양을 따라 홈질해요. 실은 두껍게 4겹으로 사용해요.

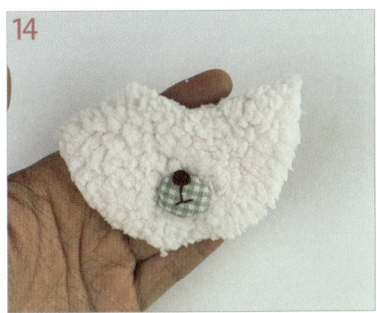

14 갈색 펠트지를 동그랗게 잘라서 패브릭 본드로 붙여요.

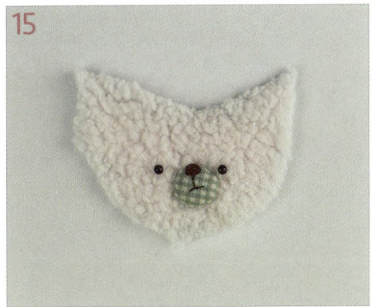

15 구슬로 강아지 눈을 표현합니다. 눈의 위치는 코와 수평으로 달아주면 귀엽답니다.

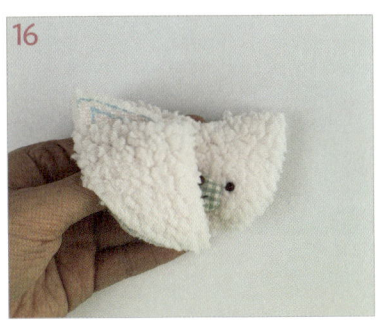

16 15를 나머지 발등 1장과 겉면끼리 맞대줍니다.

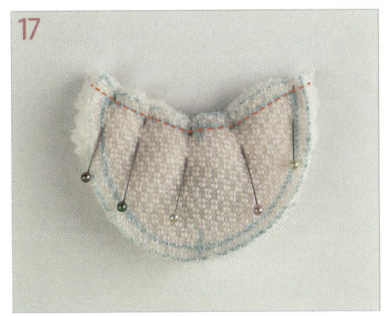

17 시침핀으로 고정해서 표시한 부분을 홈질해요.

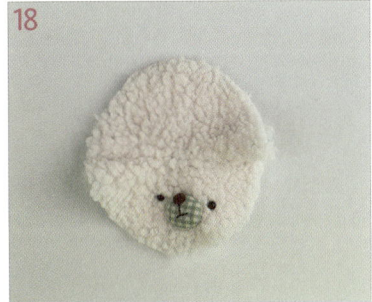

18 바느질된 부분을 겉면으로 펼친 모습이에요.

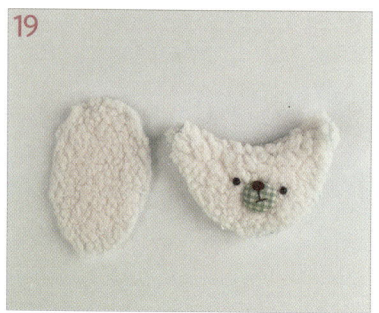

발바닥 1장과 바느질한 발등을 준비해요.

발바닥에 발등을 잘 맞추어 시침핀으로 고정시켜요.

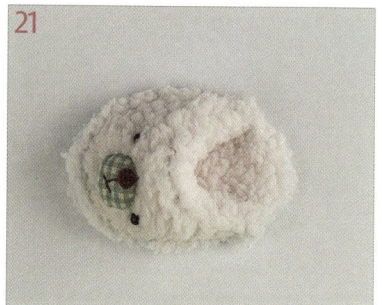

발등 부분을 홈질한 모습이에요.

나머지 발바닥 1장을 준비해요.

22를 겉면끼리 맞대고 시침핀으로 고정시켜요.

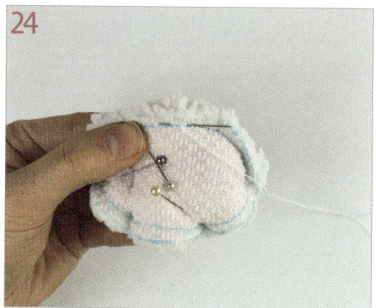

뒤꿈치 부분에 창구멍을 남기고 전체 둘레를 홈질해요.

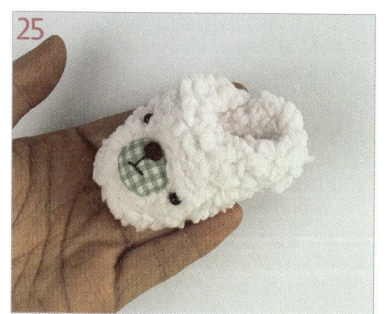

창구멍으로 뒤집어준 모습이에요.

창구멍의 시접을 정리해서 공그르기로 마무리해요.

창구멍을 마무리한 모습이에요.

28
체크 원단을 1×10으로 잘라서 반을 접은 후 시접 포함해서 도안을 그려줍니다.

29
한쪽 면을 남기고 곡선 둘레를 바느질해요.

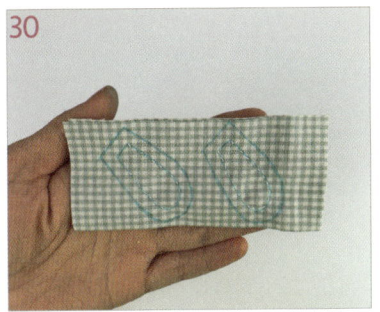
30
뒤집어줄 면을 남기고 홈질한 모습이에요.

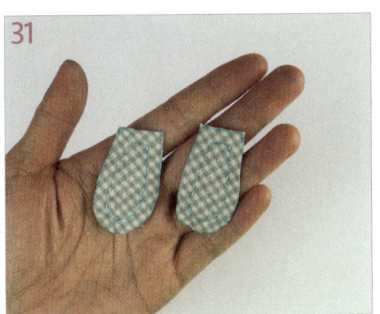
31
시접을 따라서 자른 모습이에요.

32
겸자를 이용해서 뒤집어요.

33
귀 2개를 뒤집은 모습이에요.

34
창구멍을 정리해서 공그르기해요.

35
발등에 귀를 올려놓고 윗부분만 공그르기로 달아주세요.

36
귀를 달아서 완성한 모습이에요.

실물 크기 도안

가오리핏 레이스 티셔츠

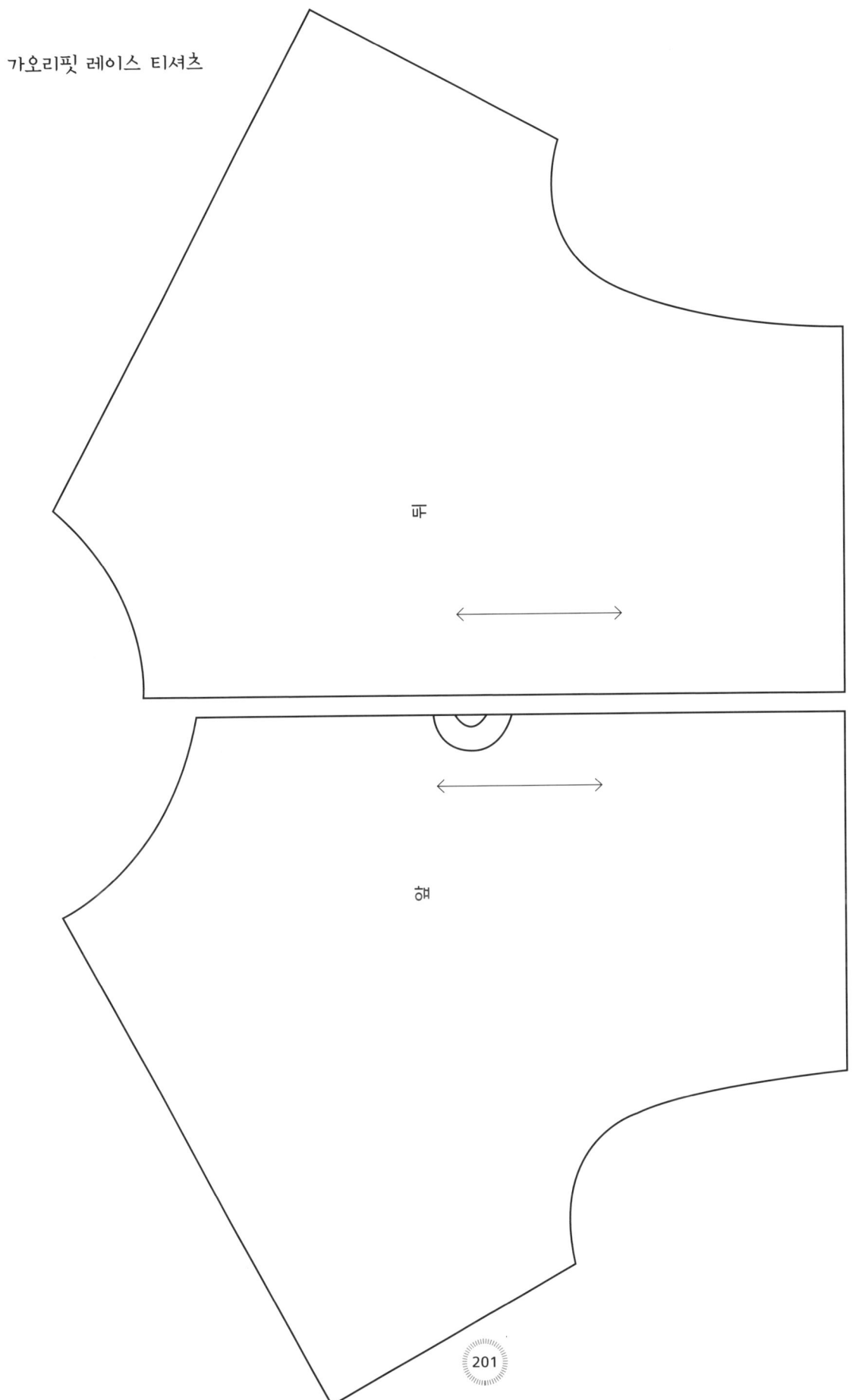

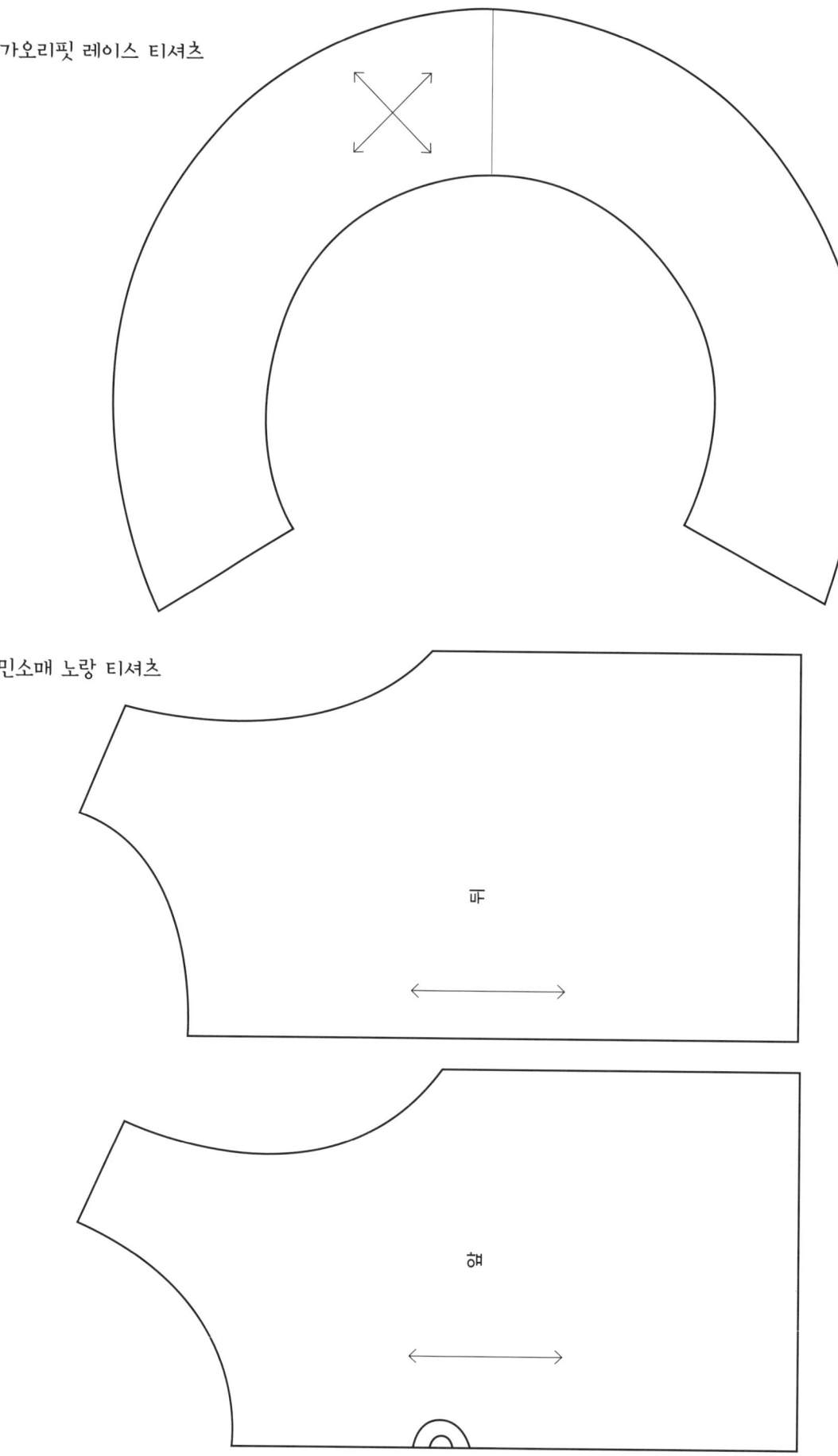

가오리핏 레이스 티셔츠

민소매 노랑 티셔츠

라운드 미키 티셔츠

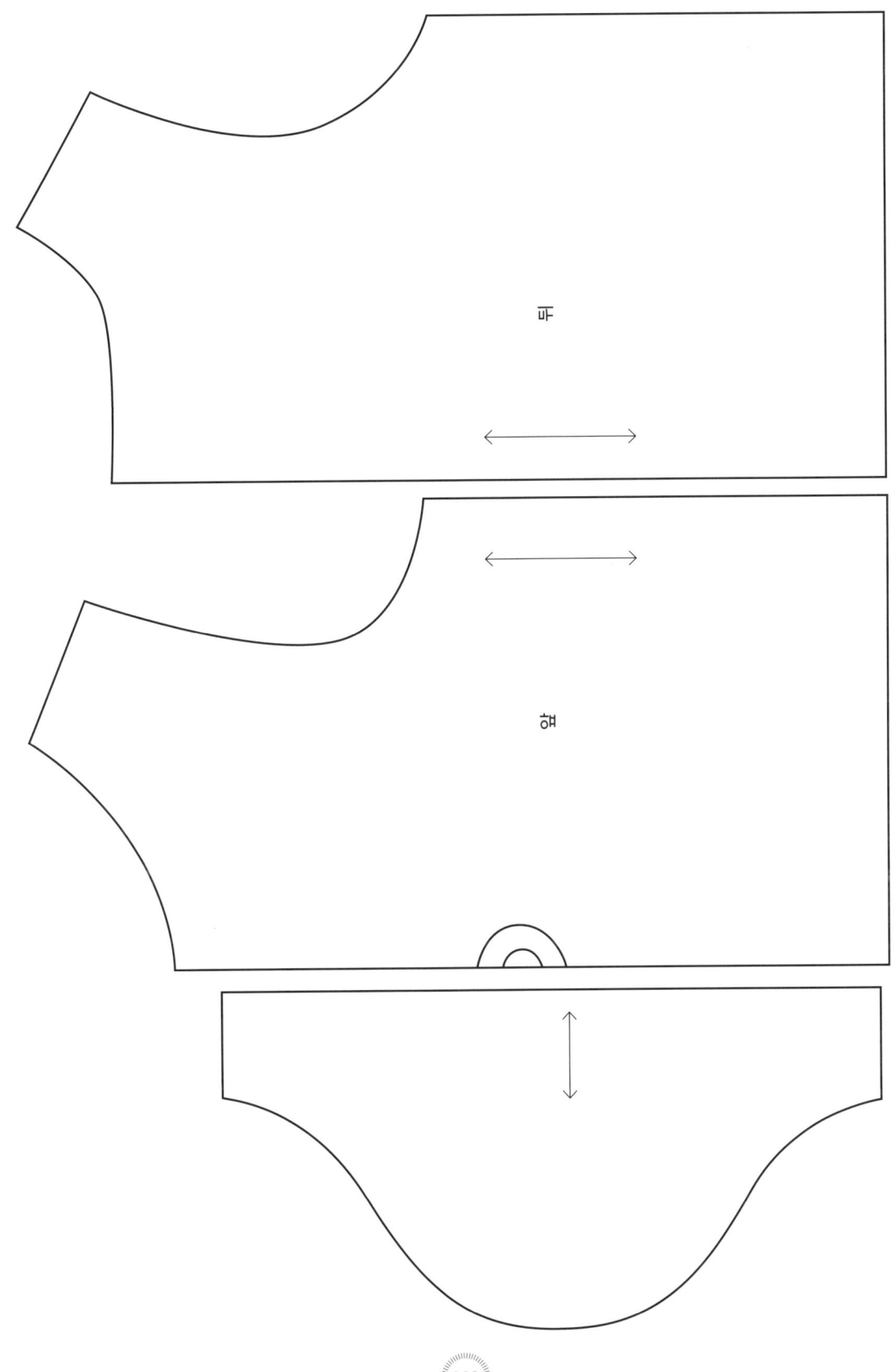

라운드 미키 티셔츠

조끼

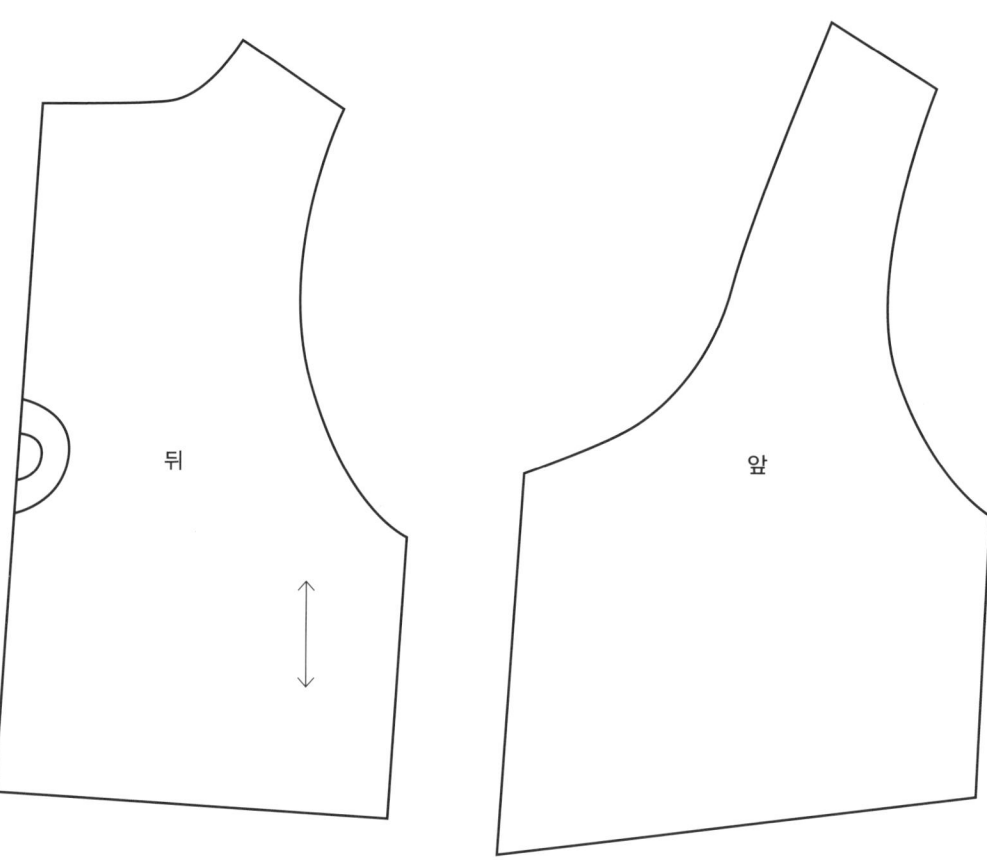

민소매 노랑 티셔츠

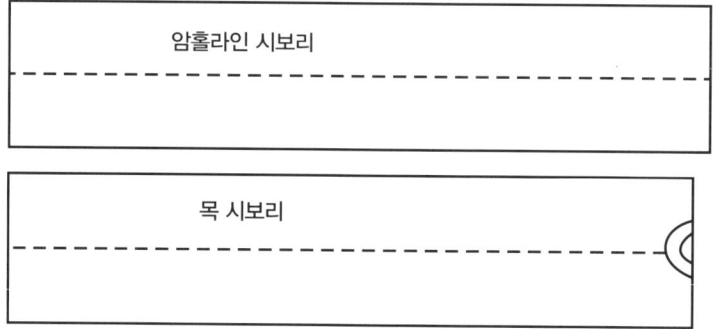

민소매 레드 스트라이프 티셔츠

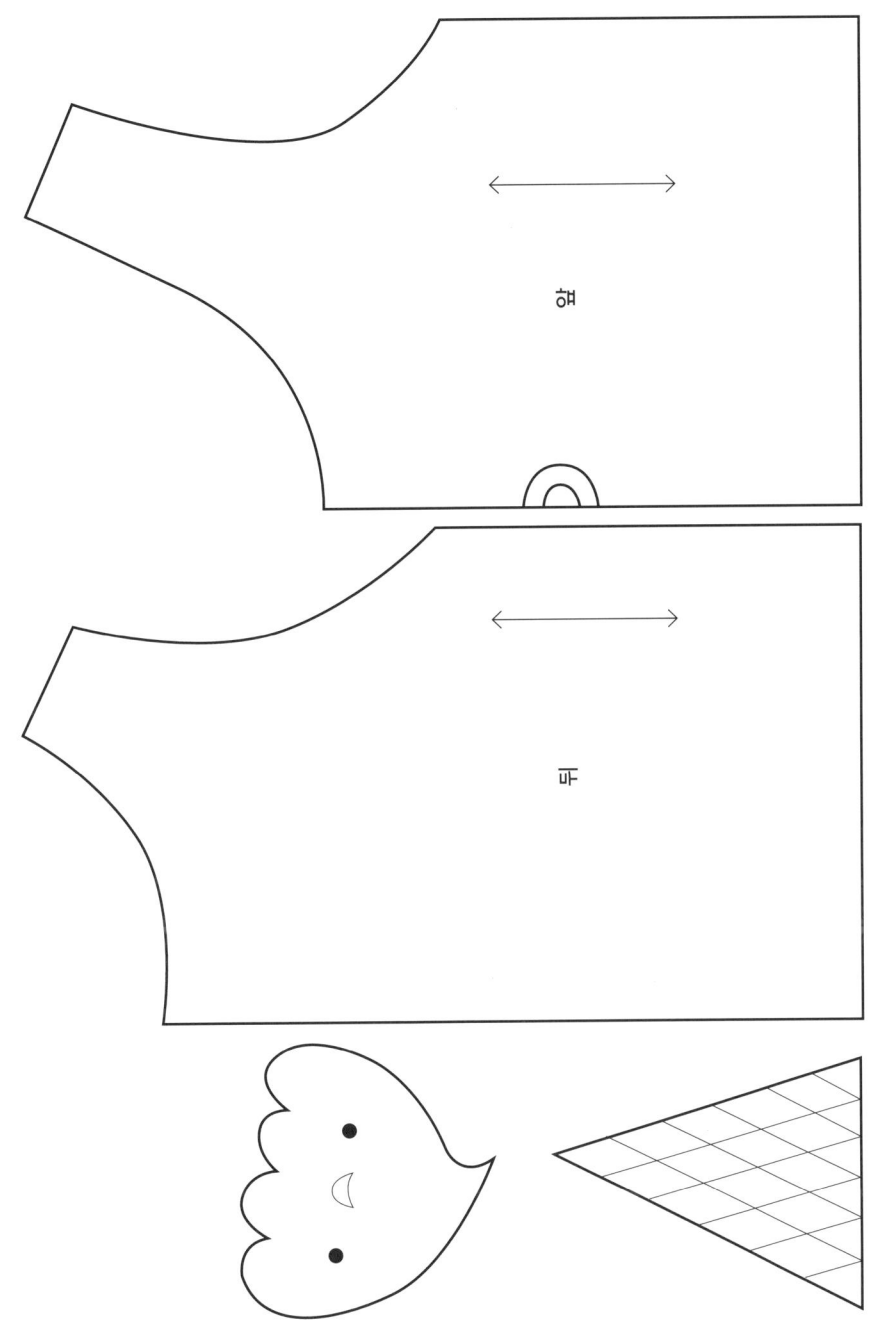

민소매 탑

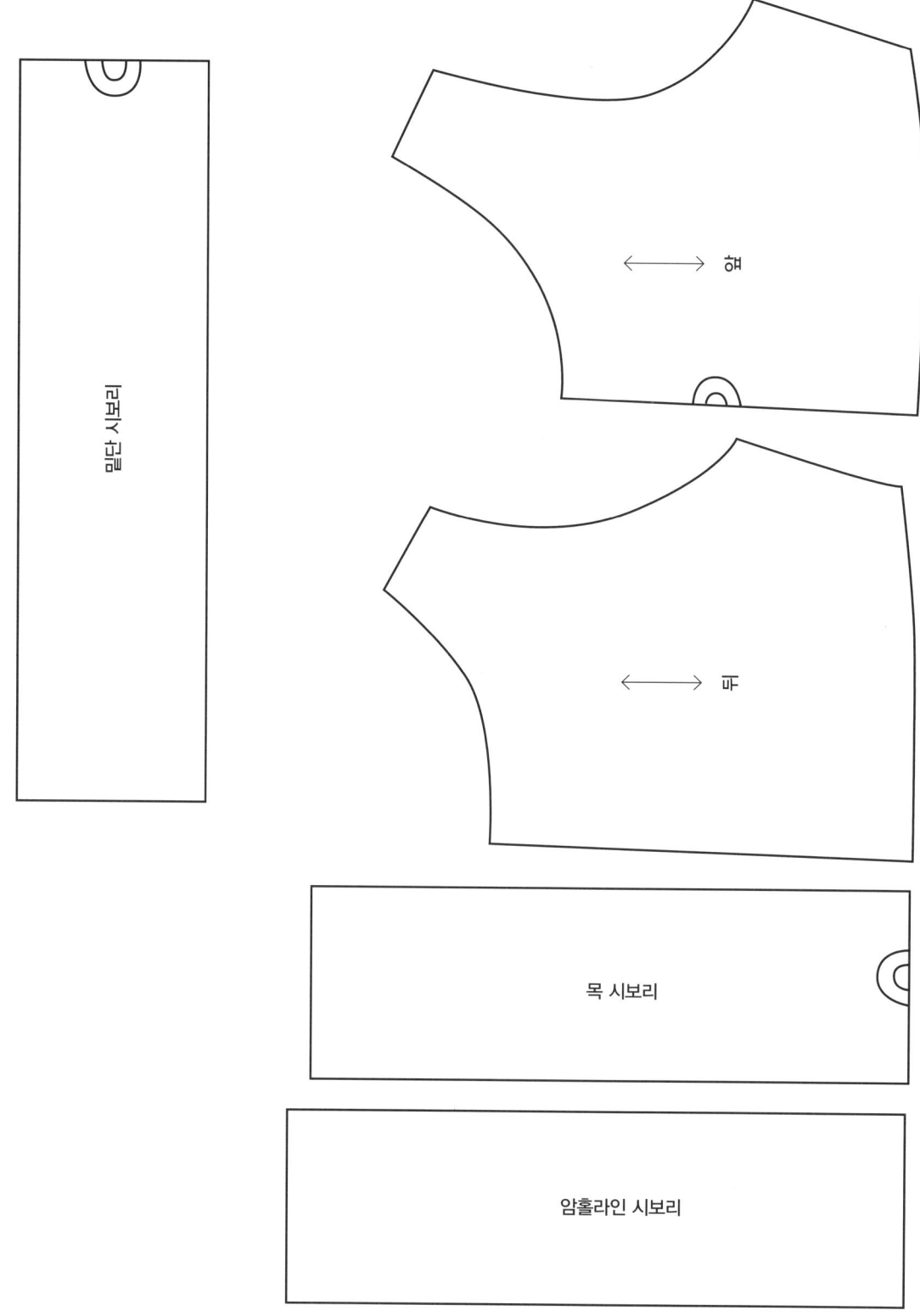

색색스타 후드 티셔츠

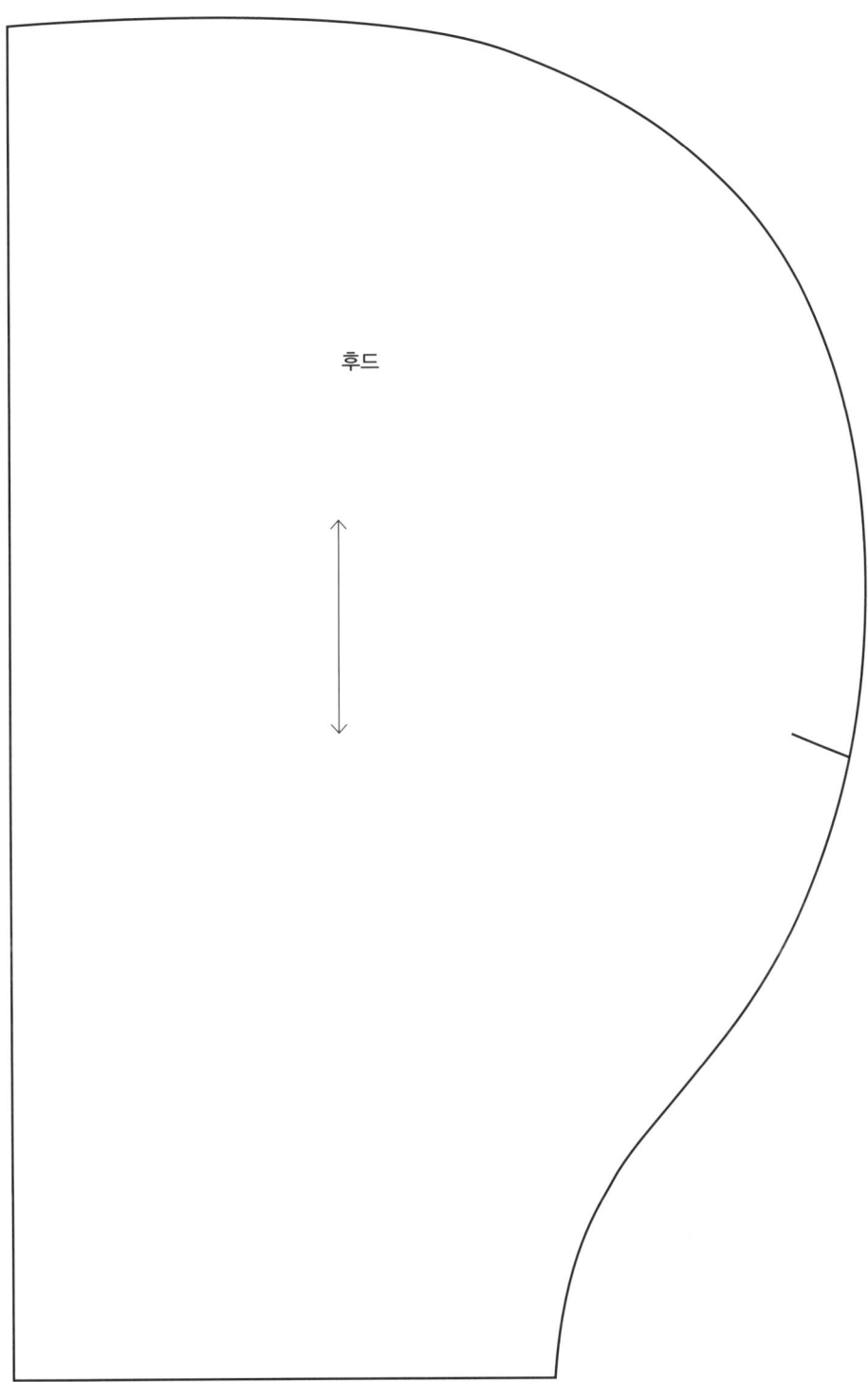

색색스타 후드 티셔츠

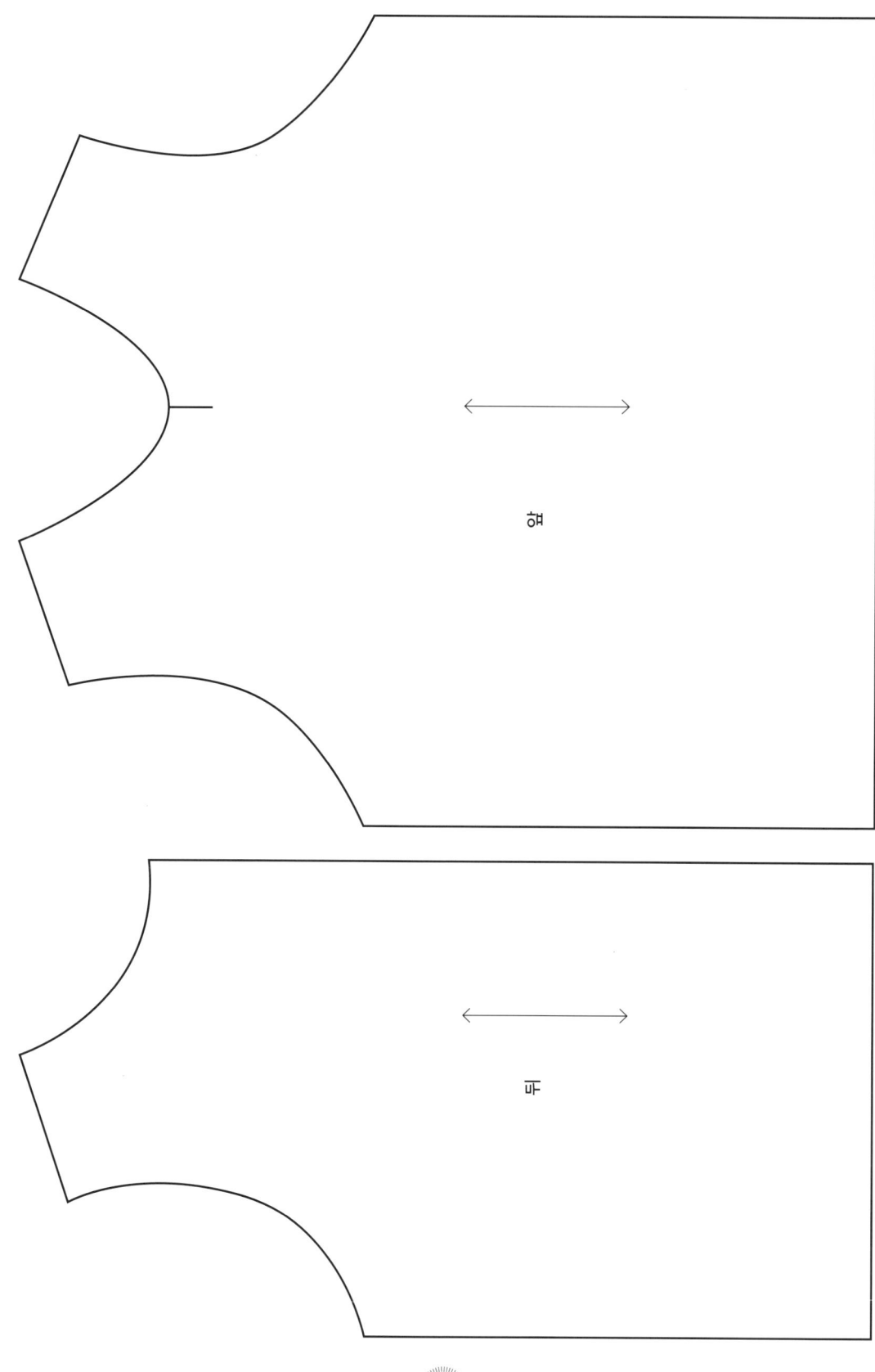

색색스타 후드 티셔츠

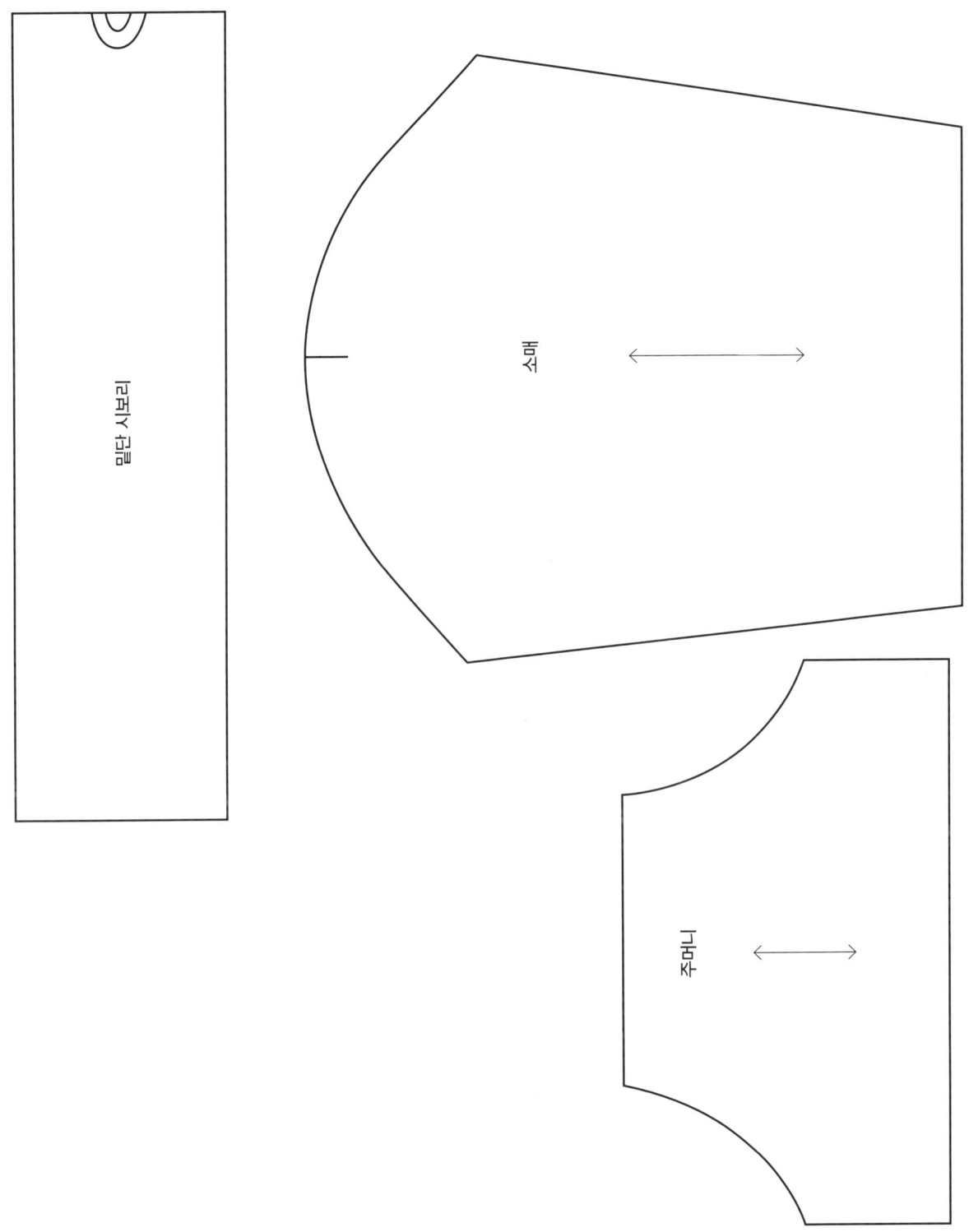

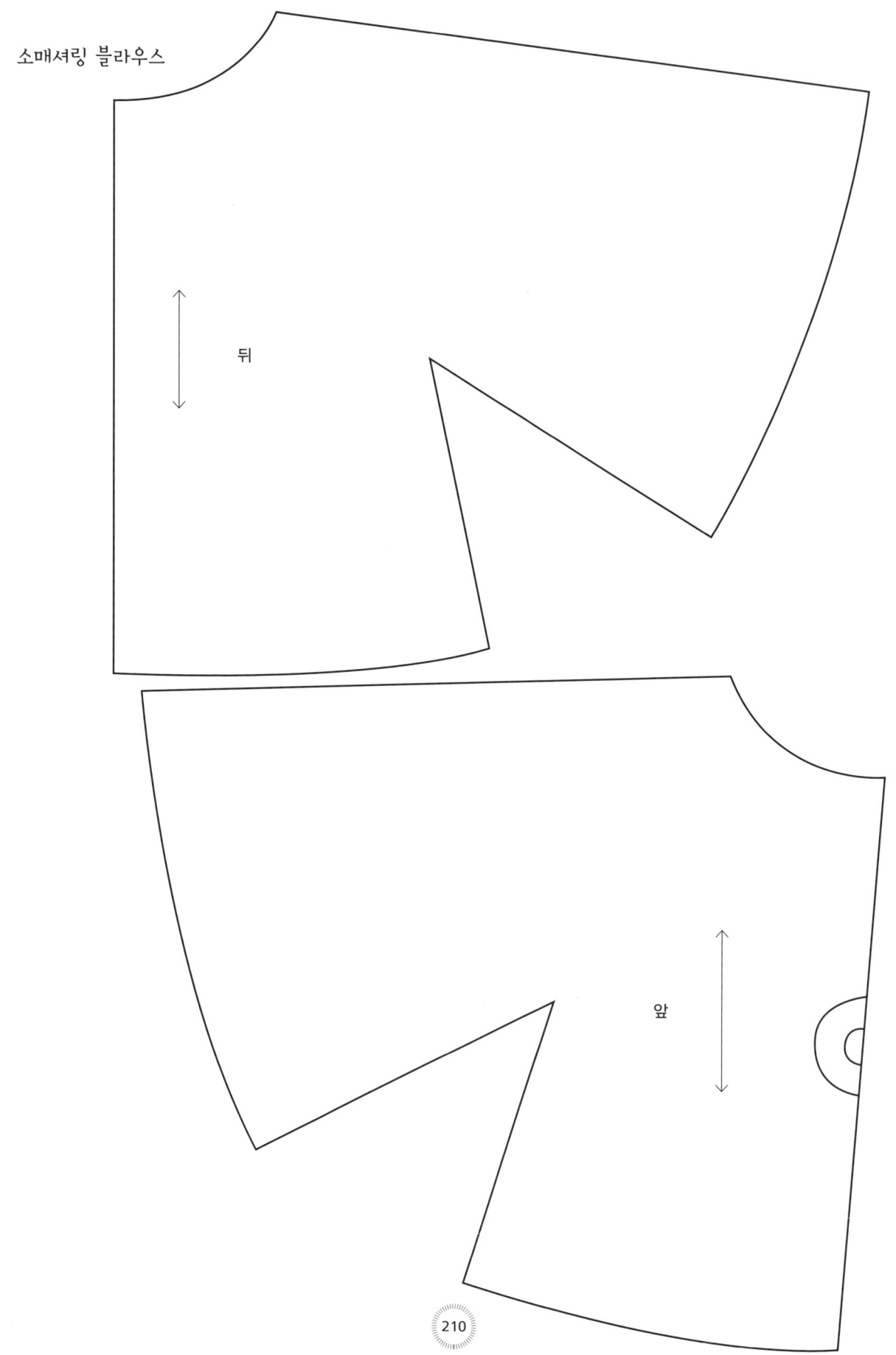

소매셔링 블라우스/넥칼라 만들기

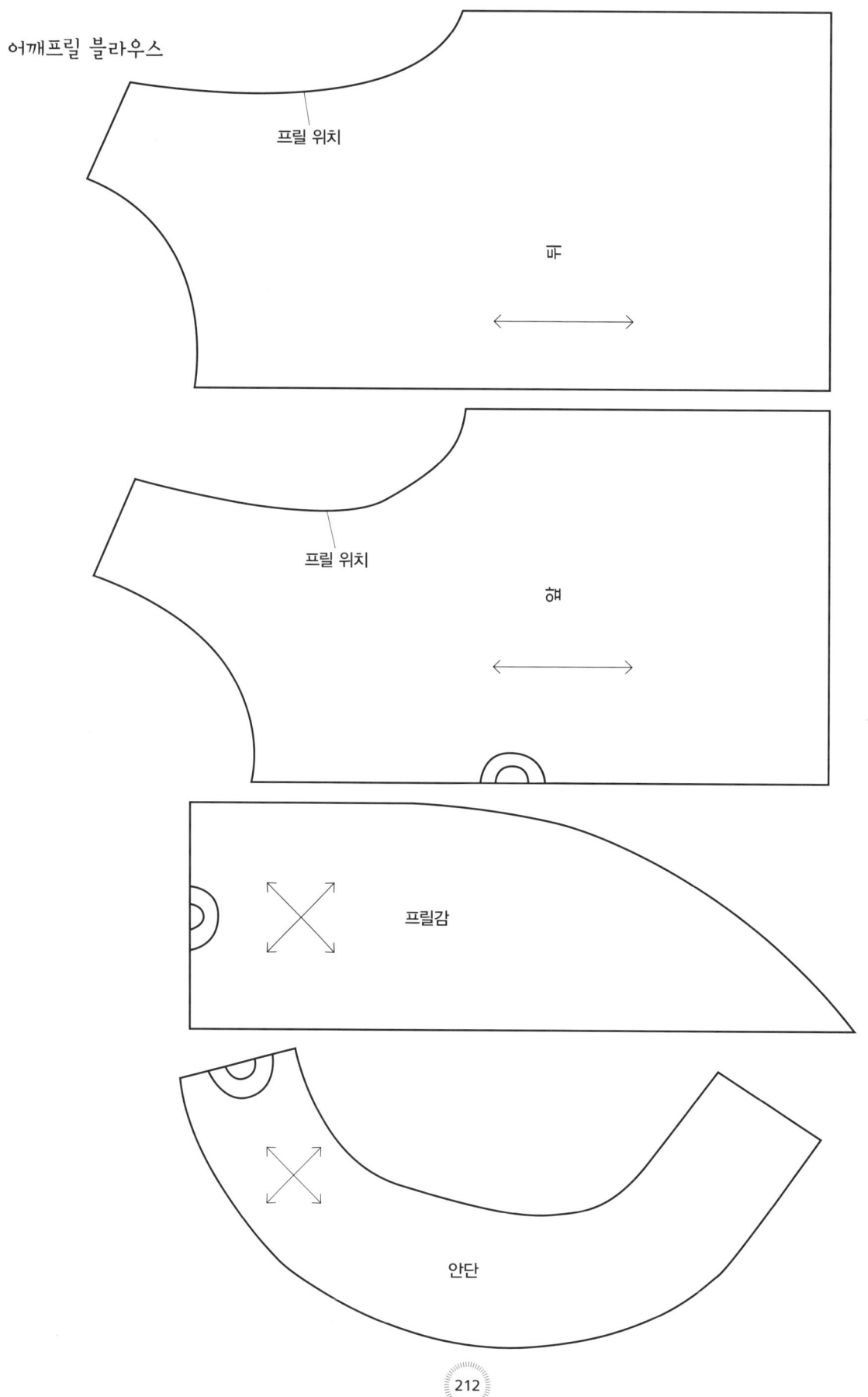

오프숄더 블라우스

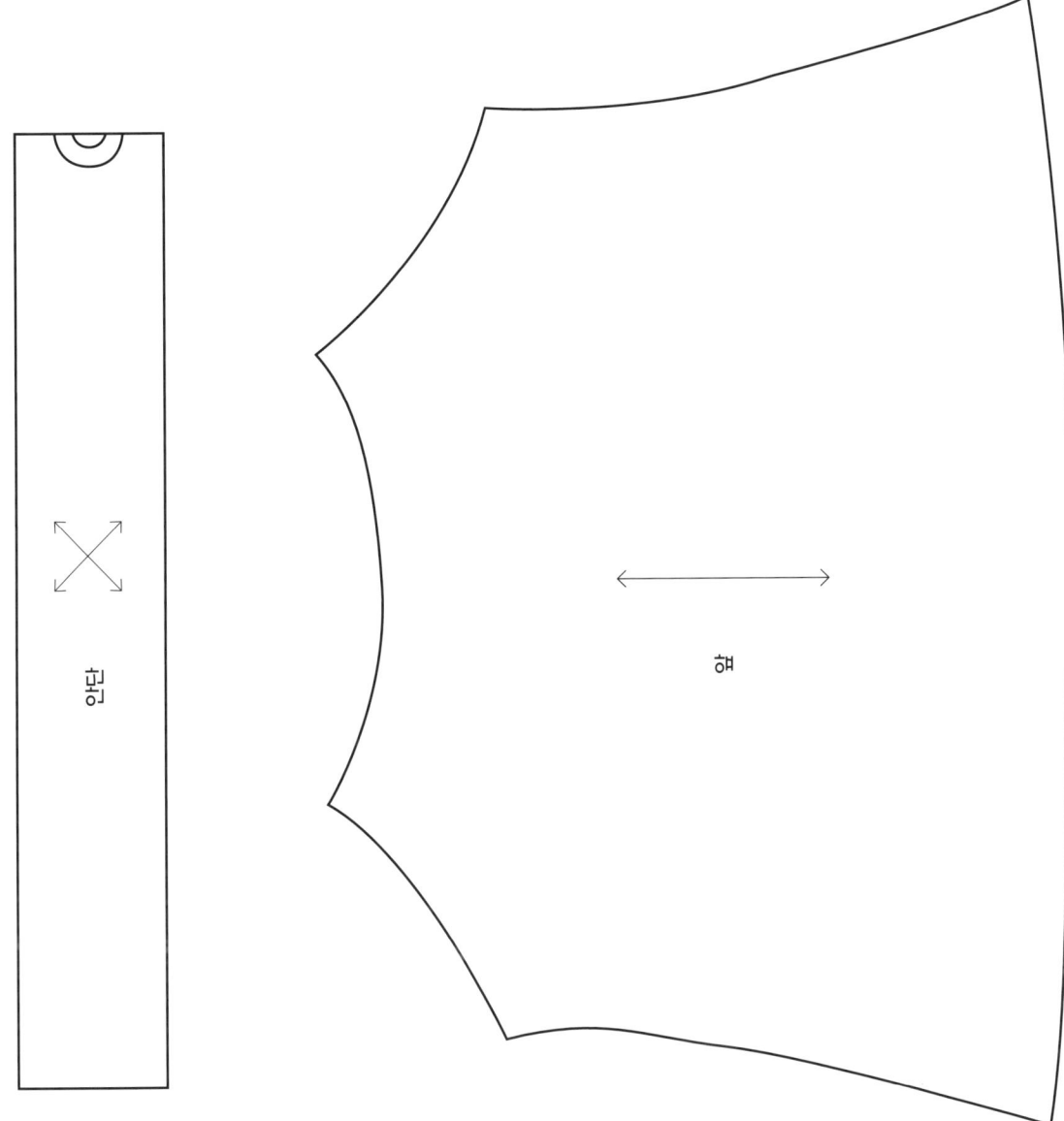

오프숄더 블라우스

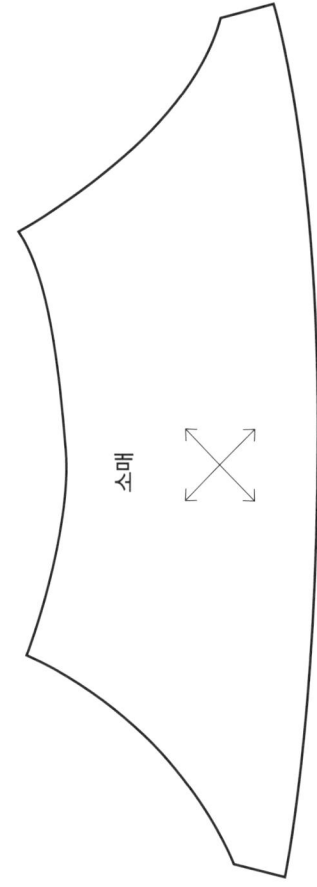

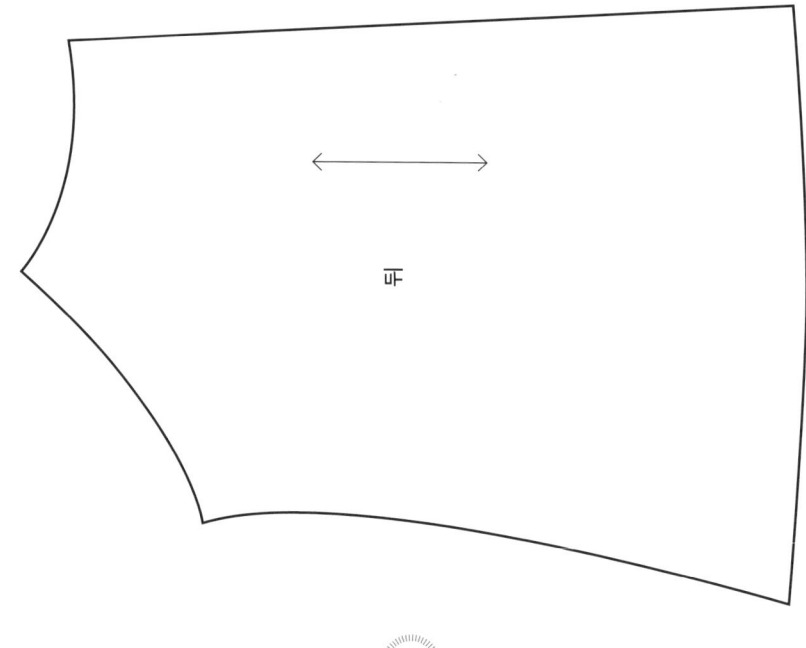

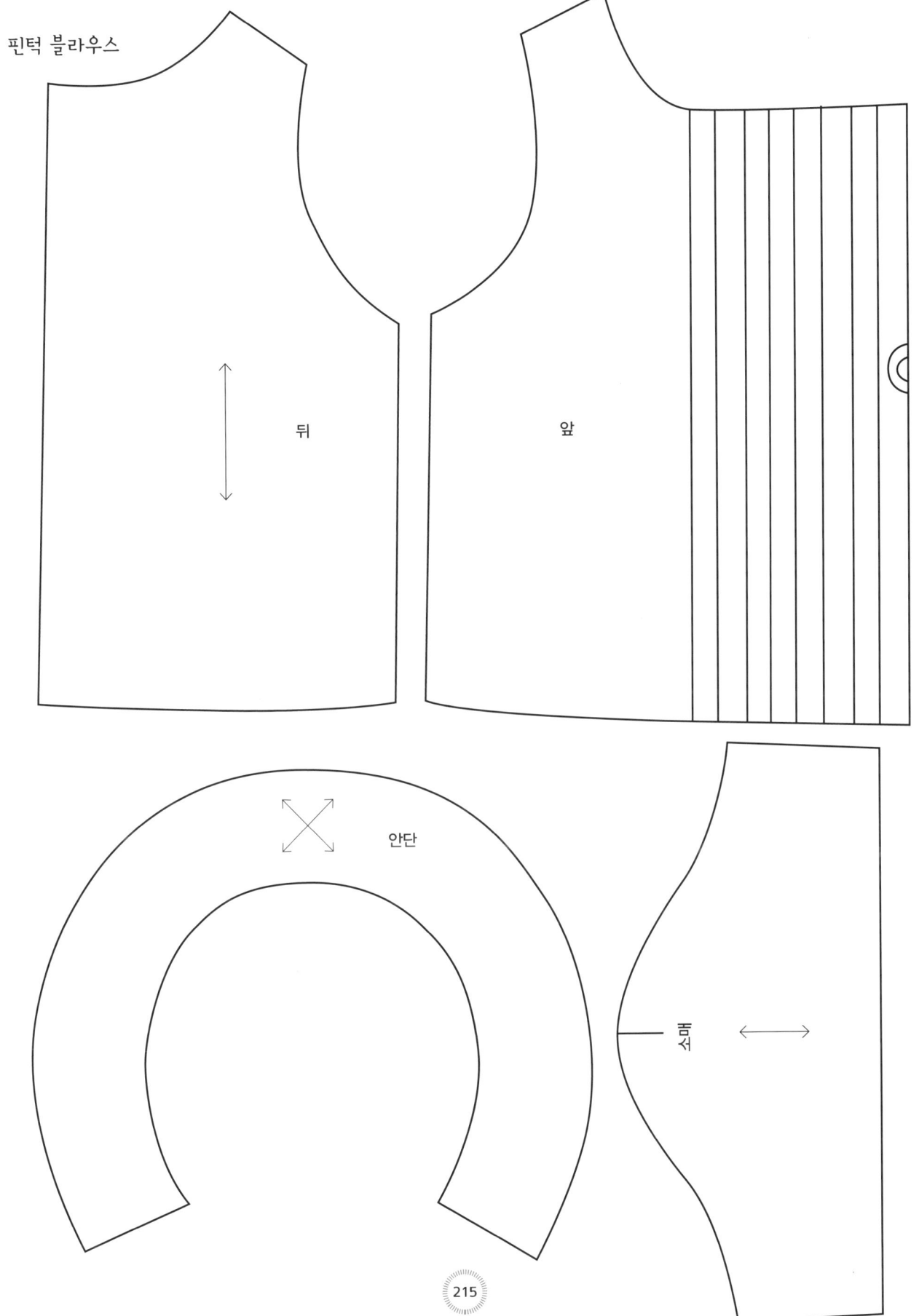

하늘 캐미솔 탑

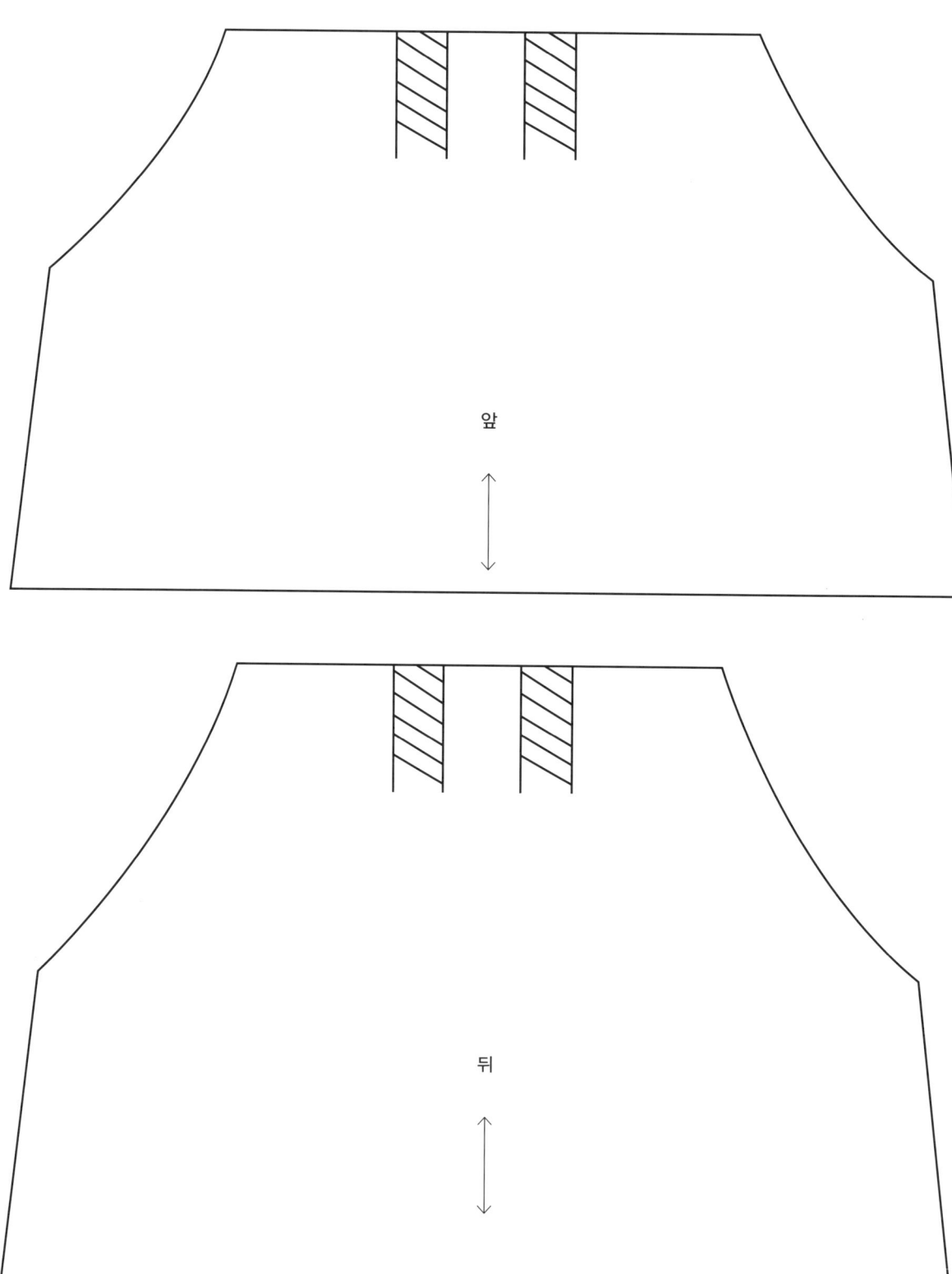

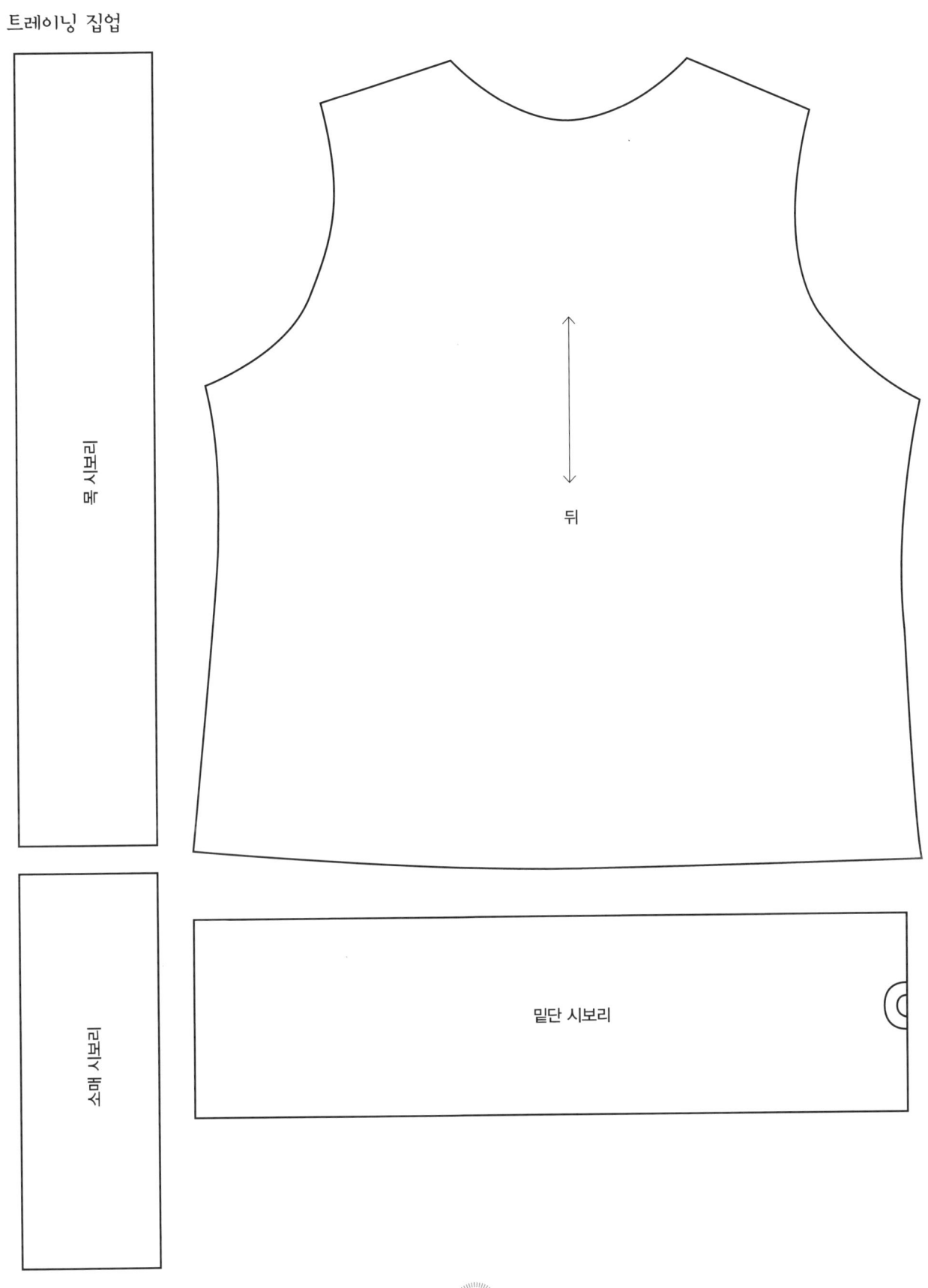

트레이닝 집업

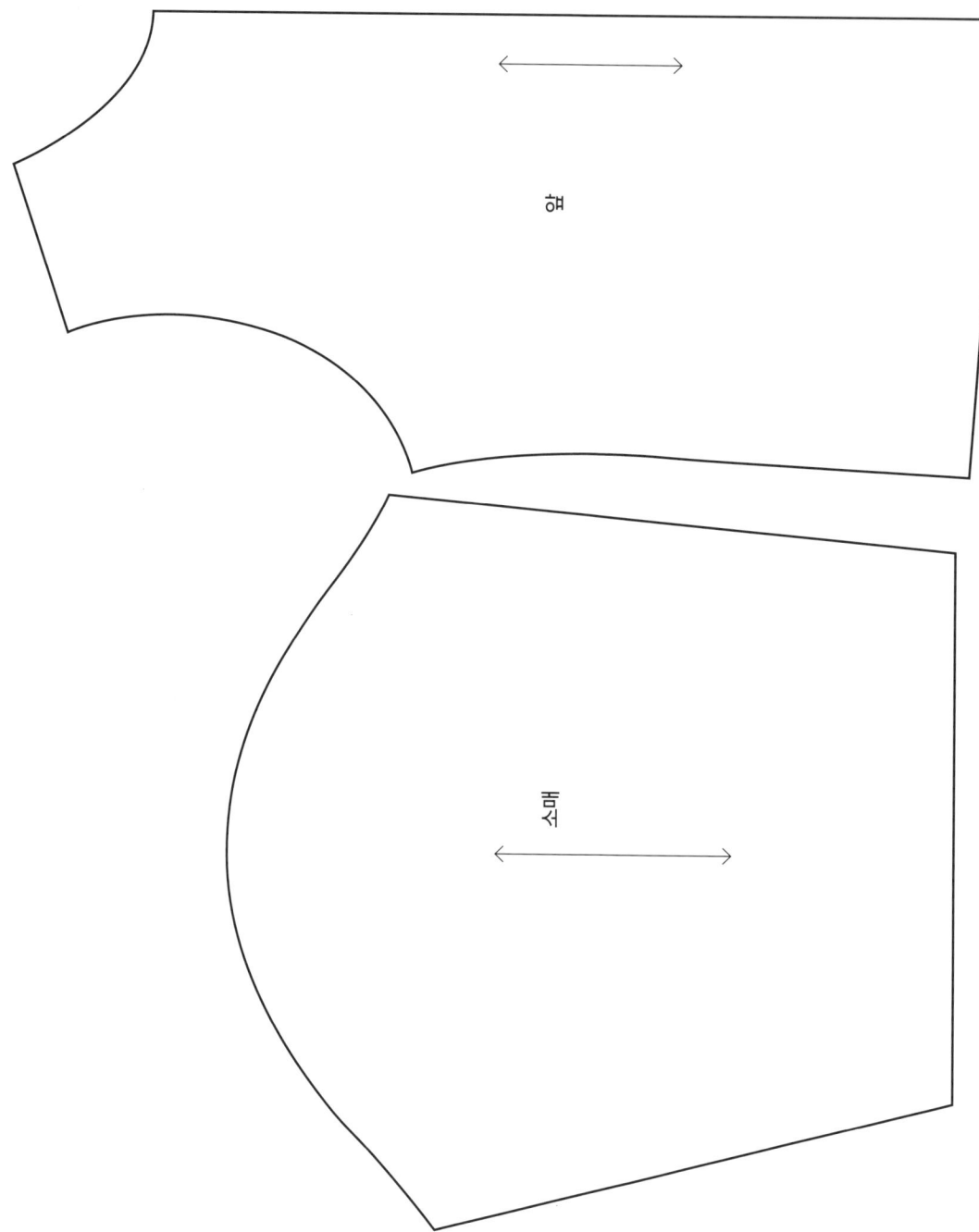

트레이닝 집업/트레이닝 칠부바지

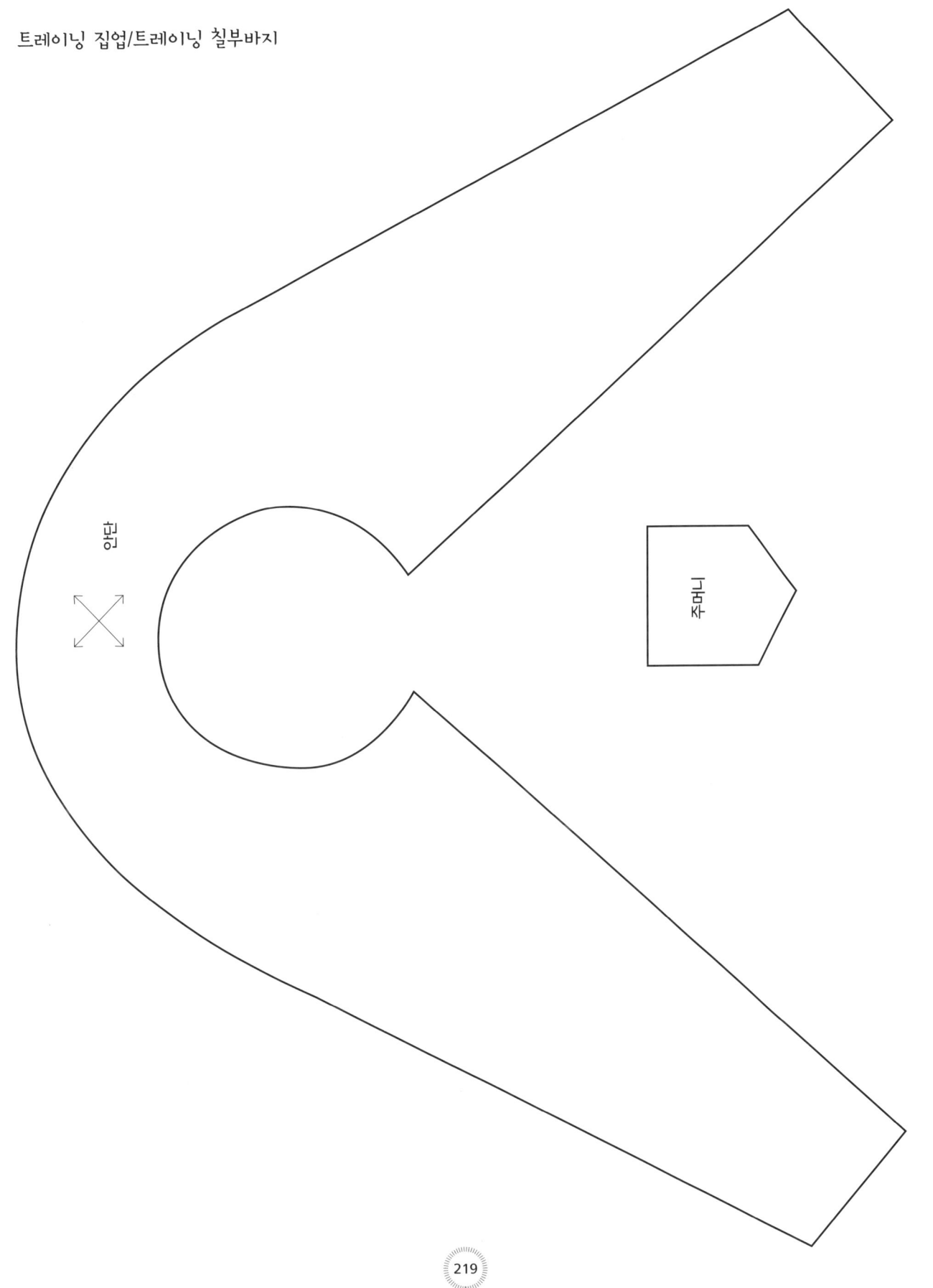

트레이닝 칠부바지

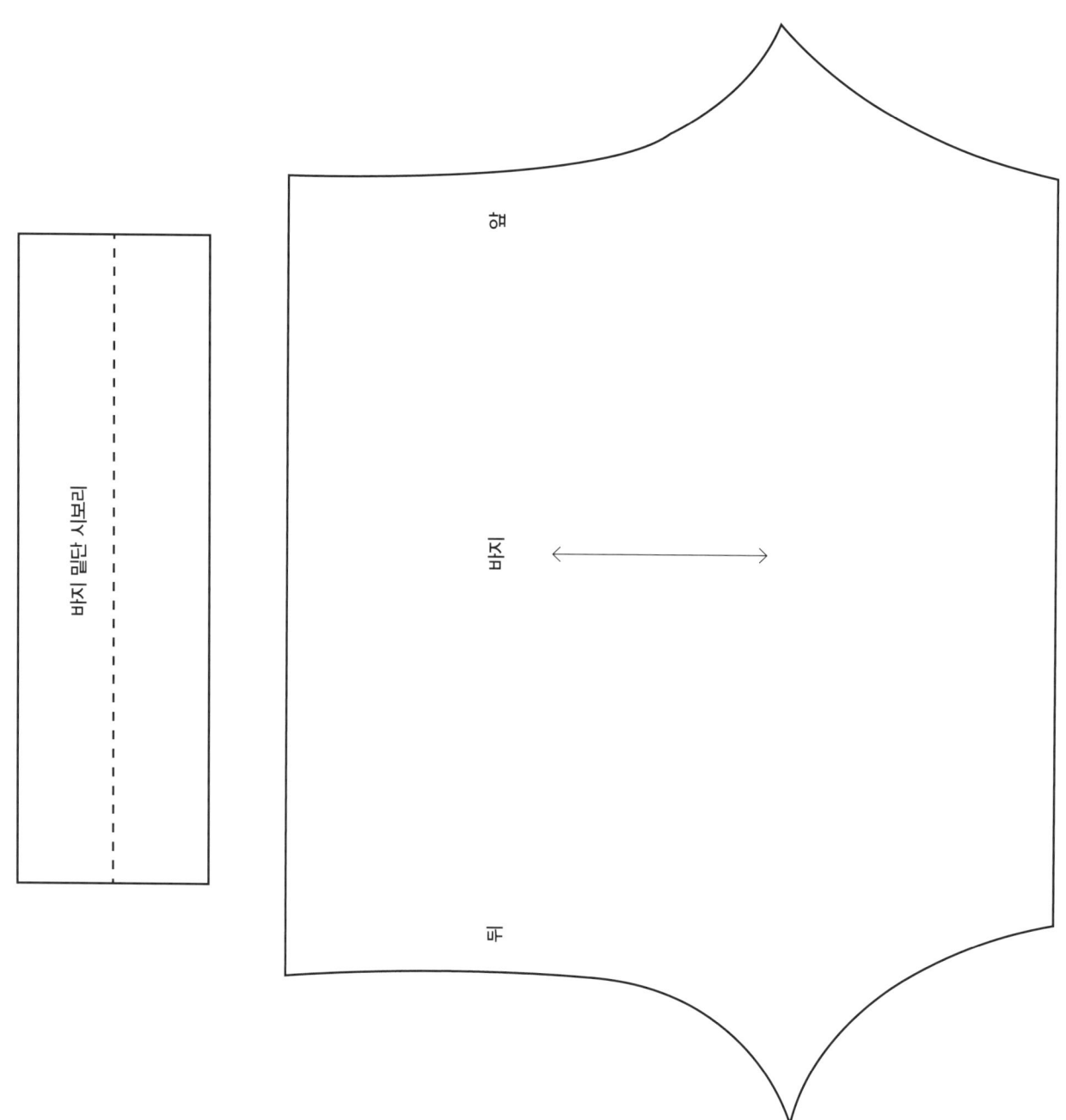

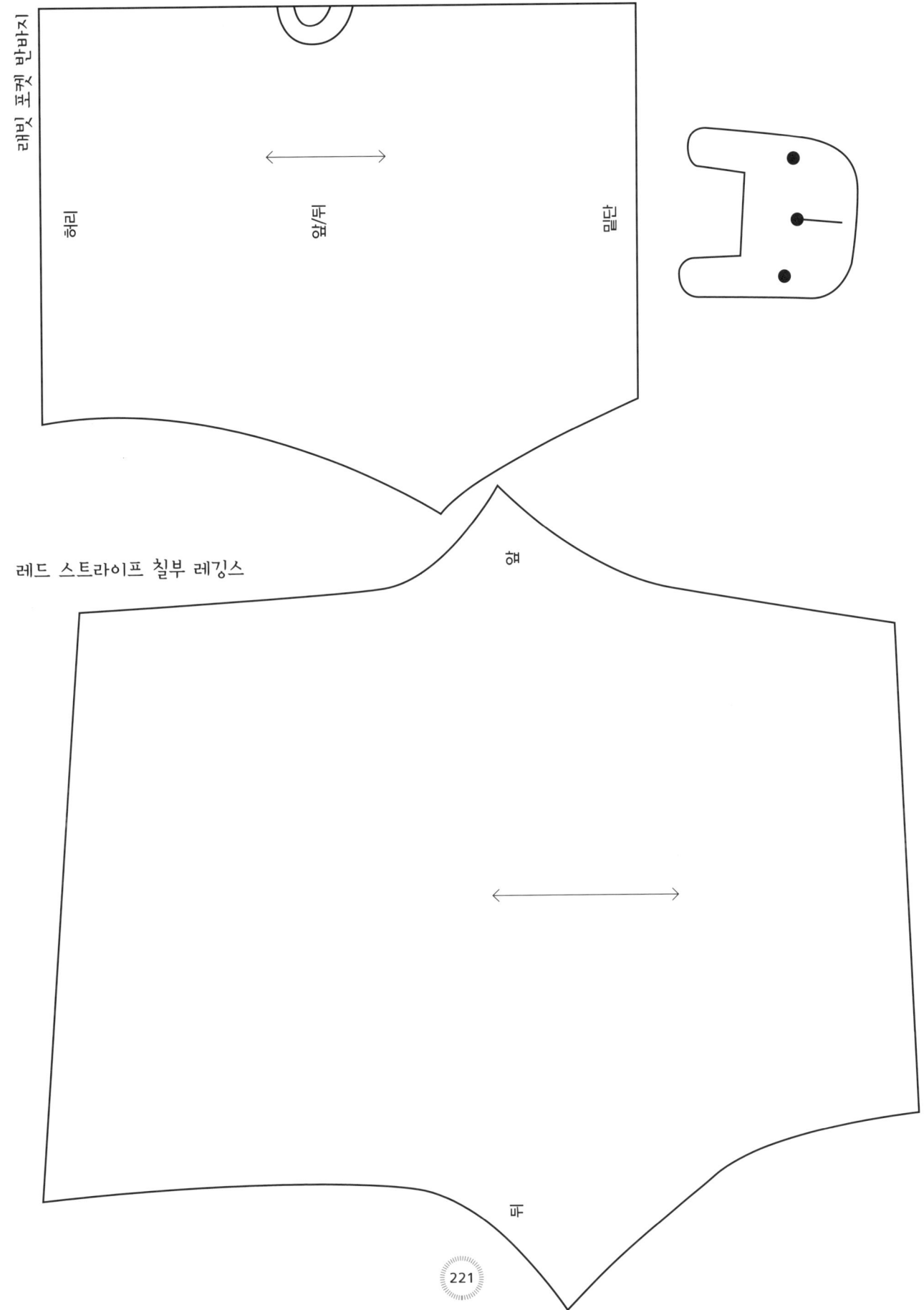

멜빵 셔링 반바지

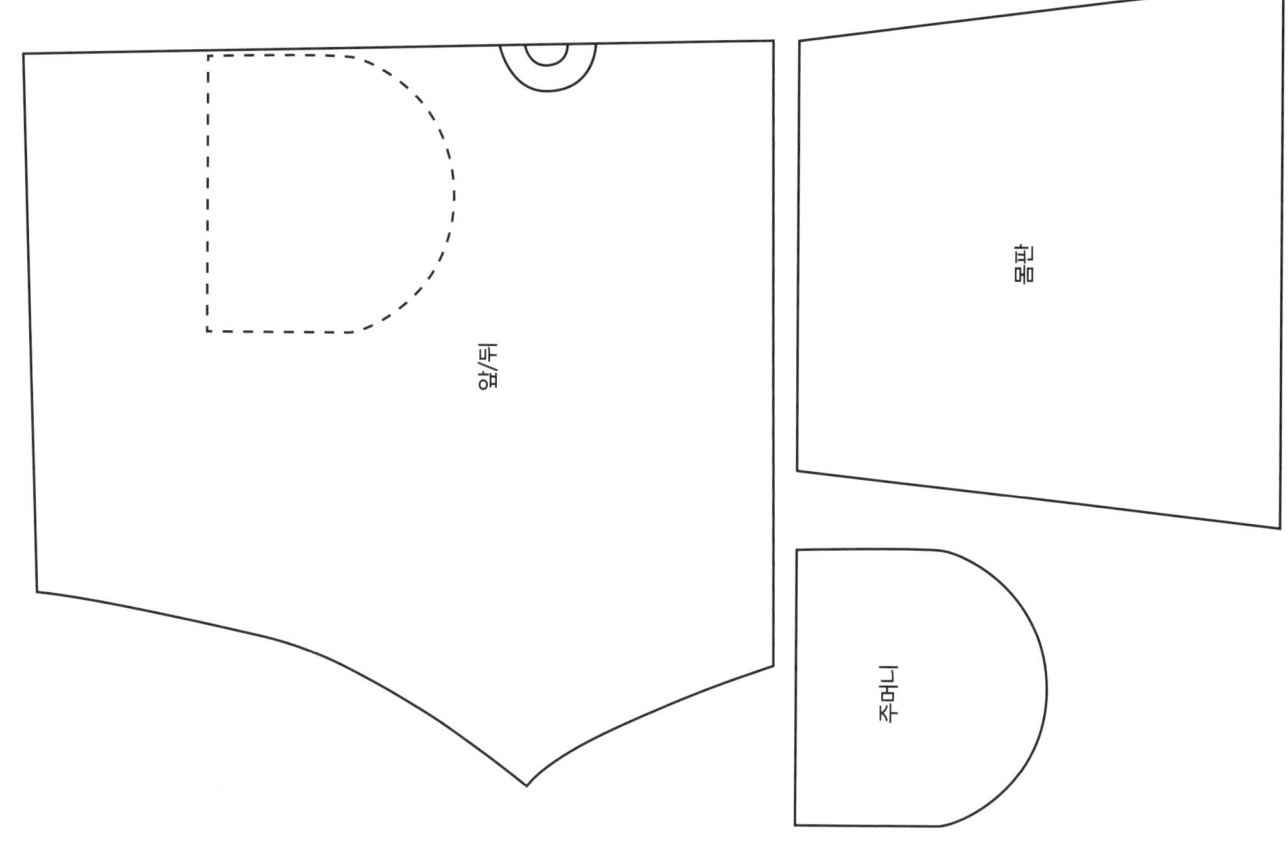

배기 청바지

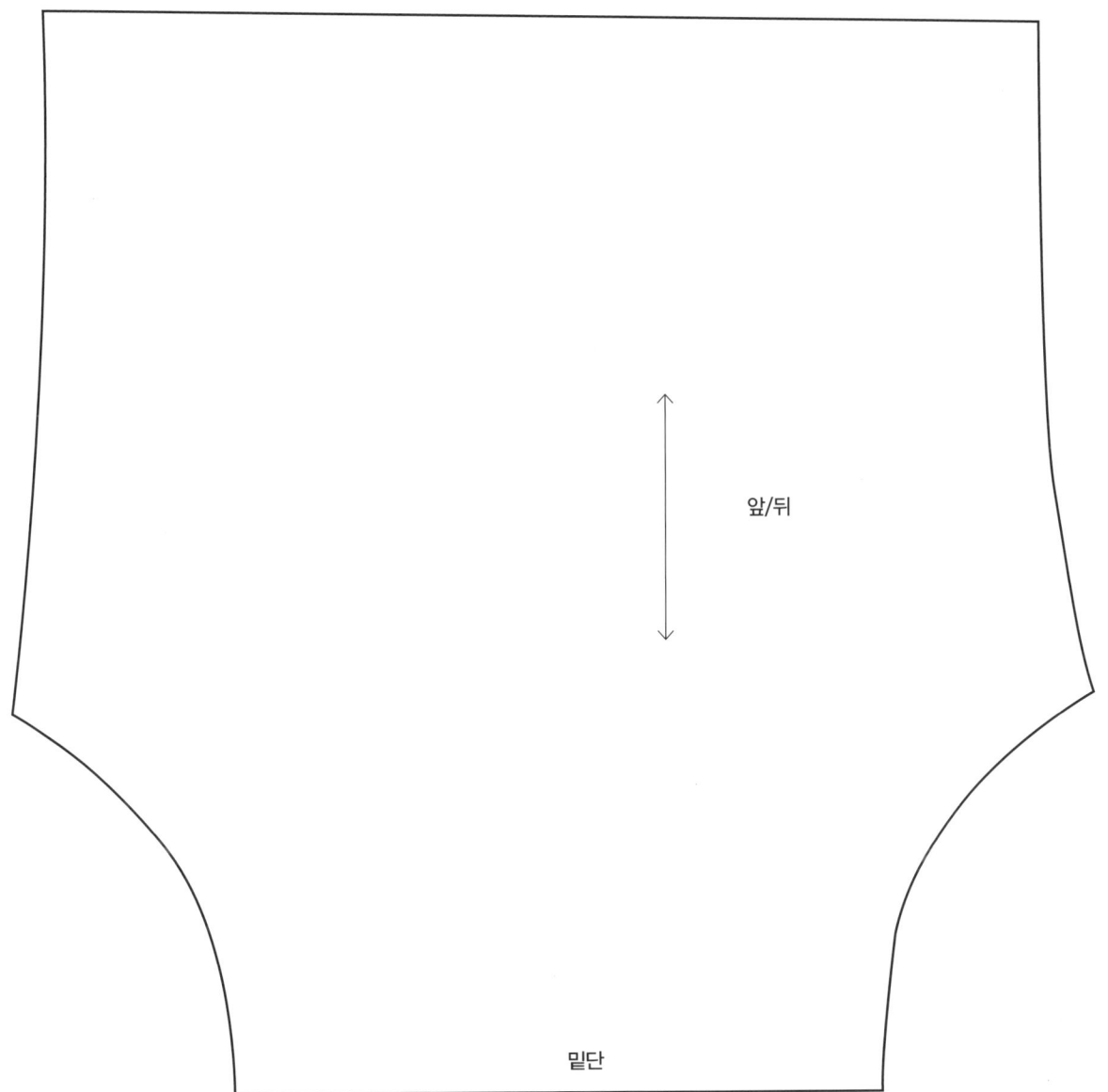

트레이닝 반바지

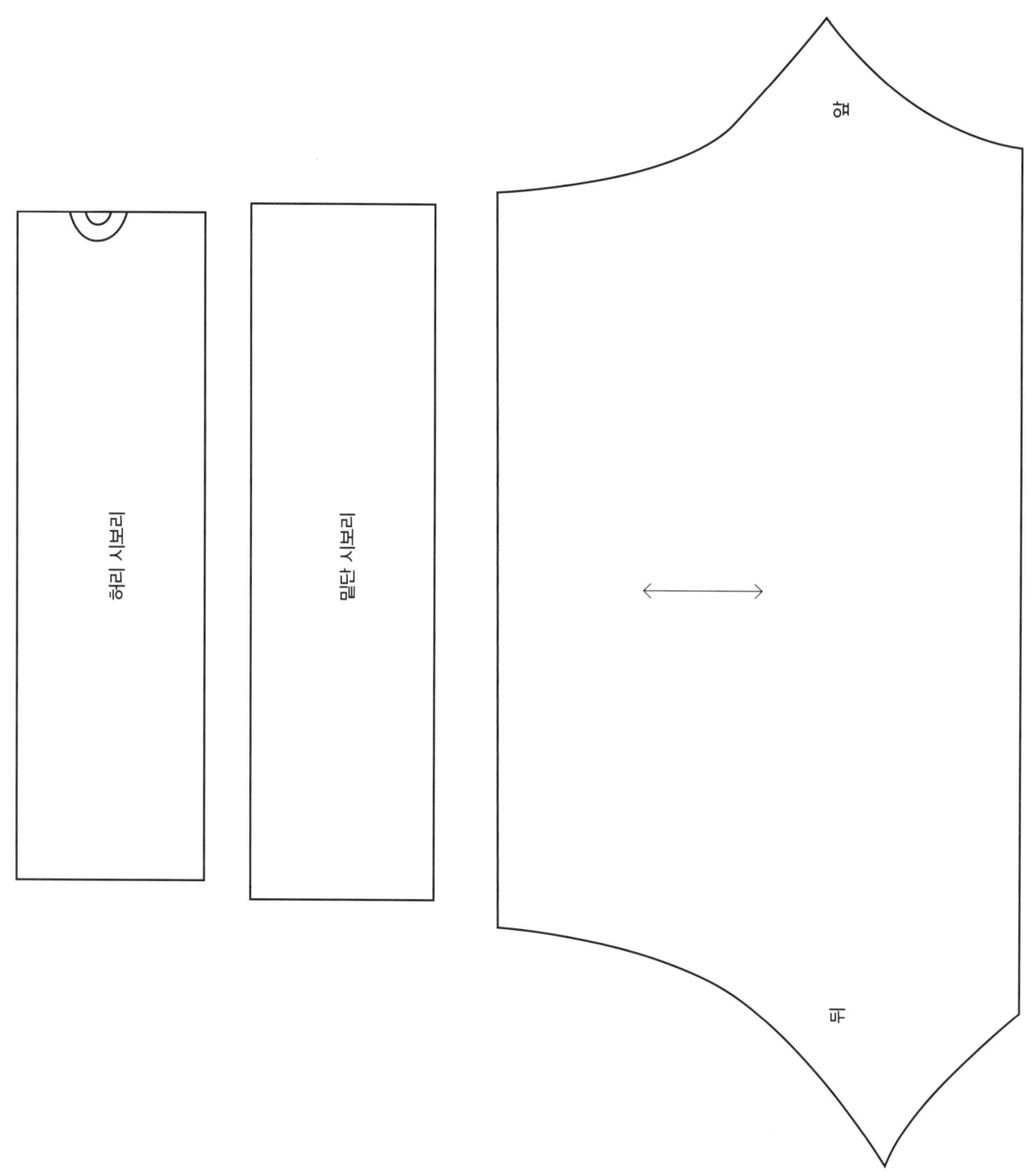

허리밴드 일자바지

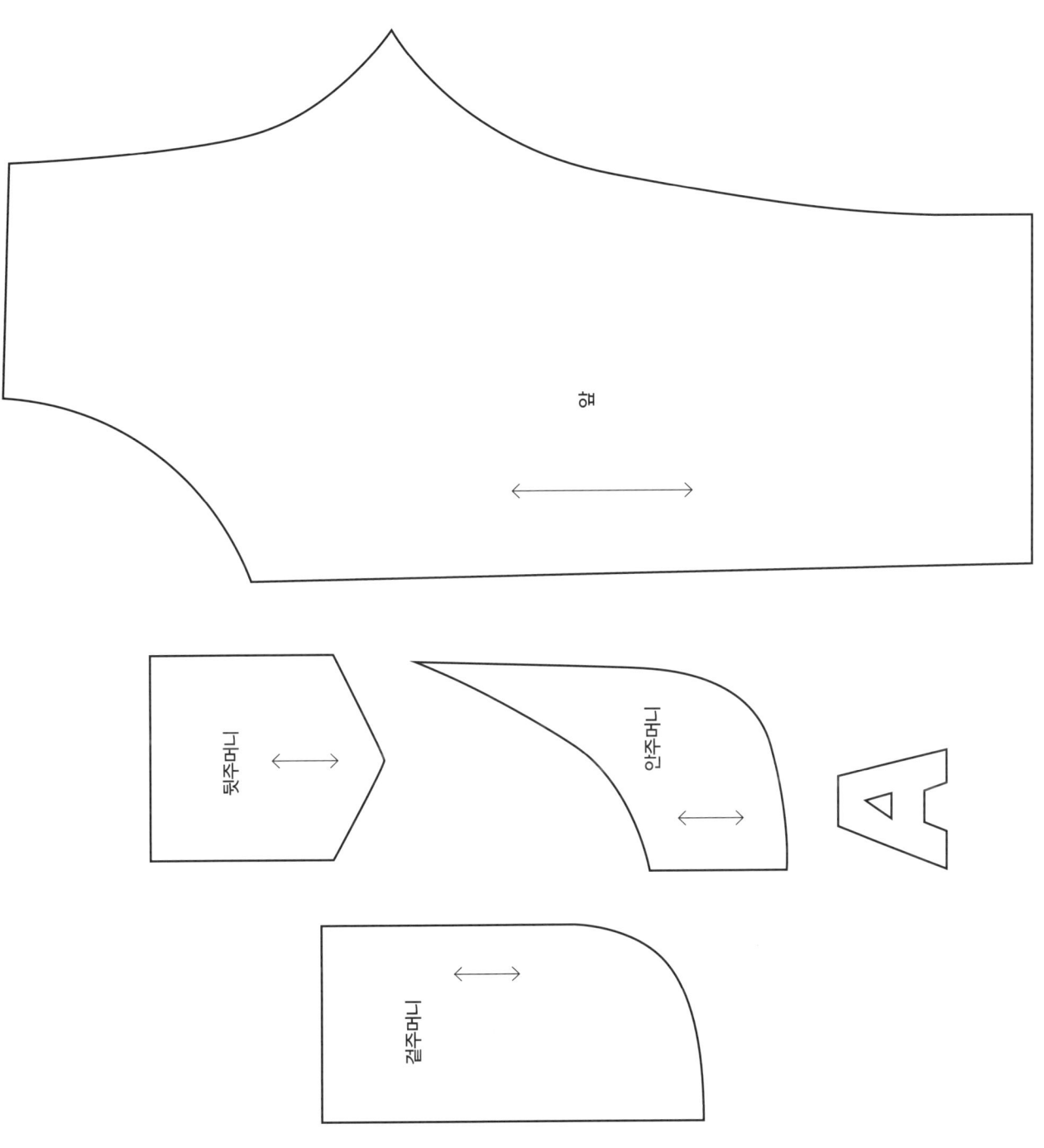

허리밴드 일자바지

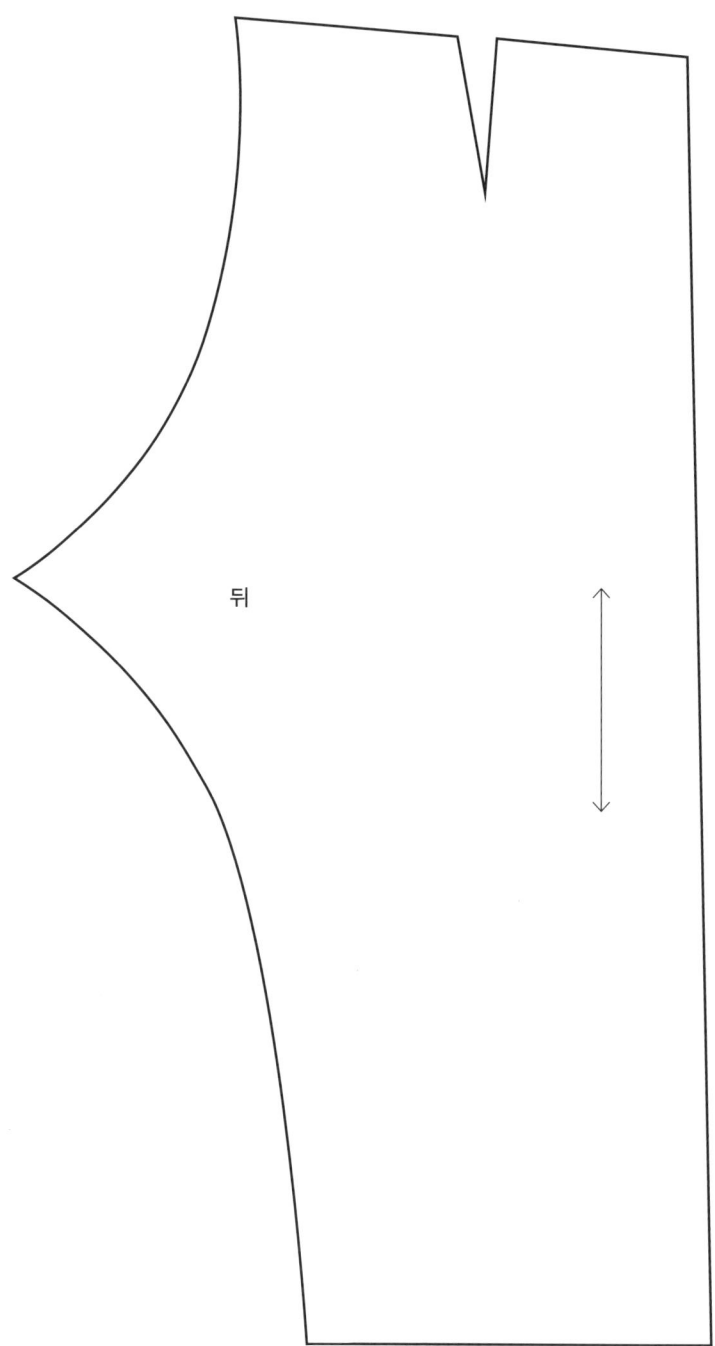

멜빵 프릴 스커트

맞주름 노랑 스커트

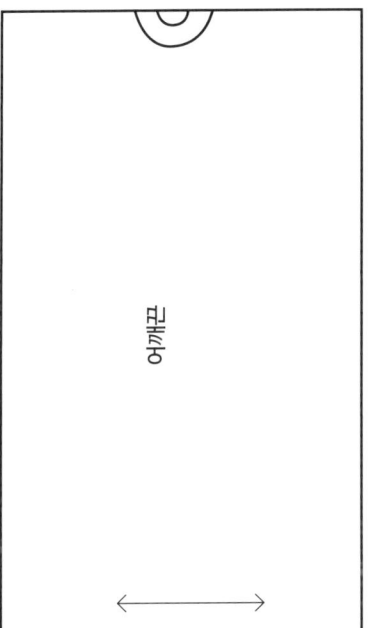

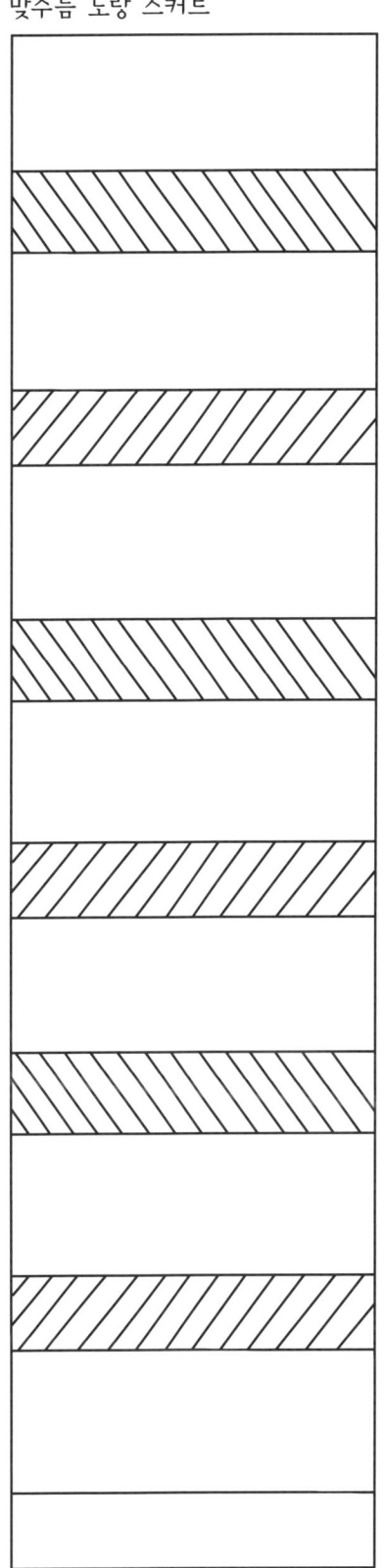

미니스커트

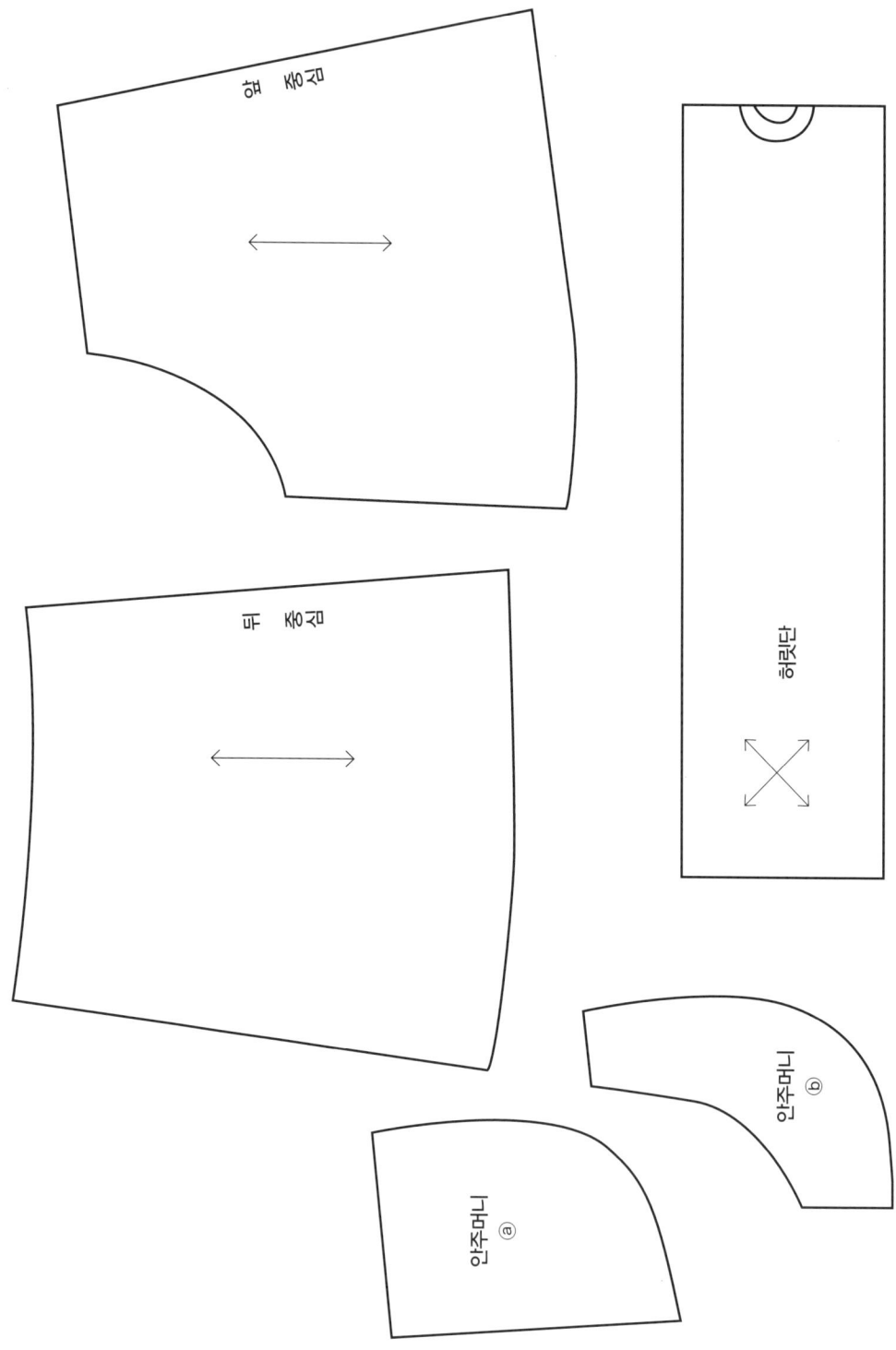

롤칼라 원피스

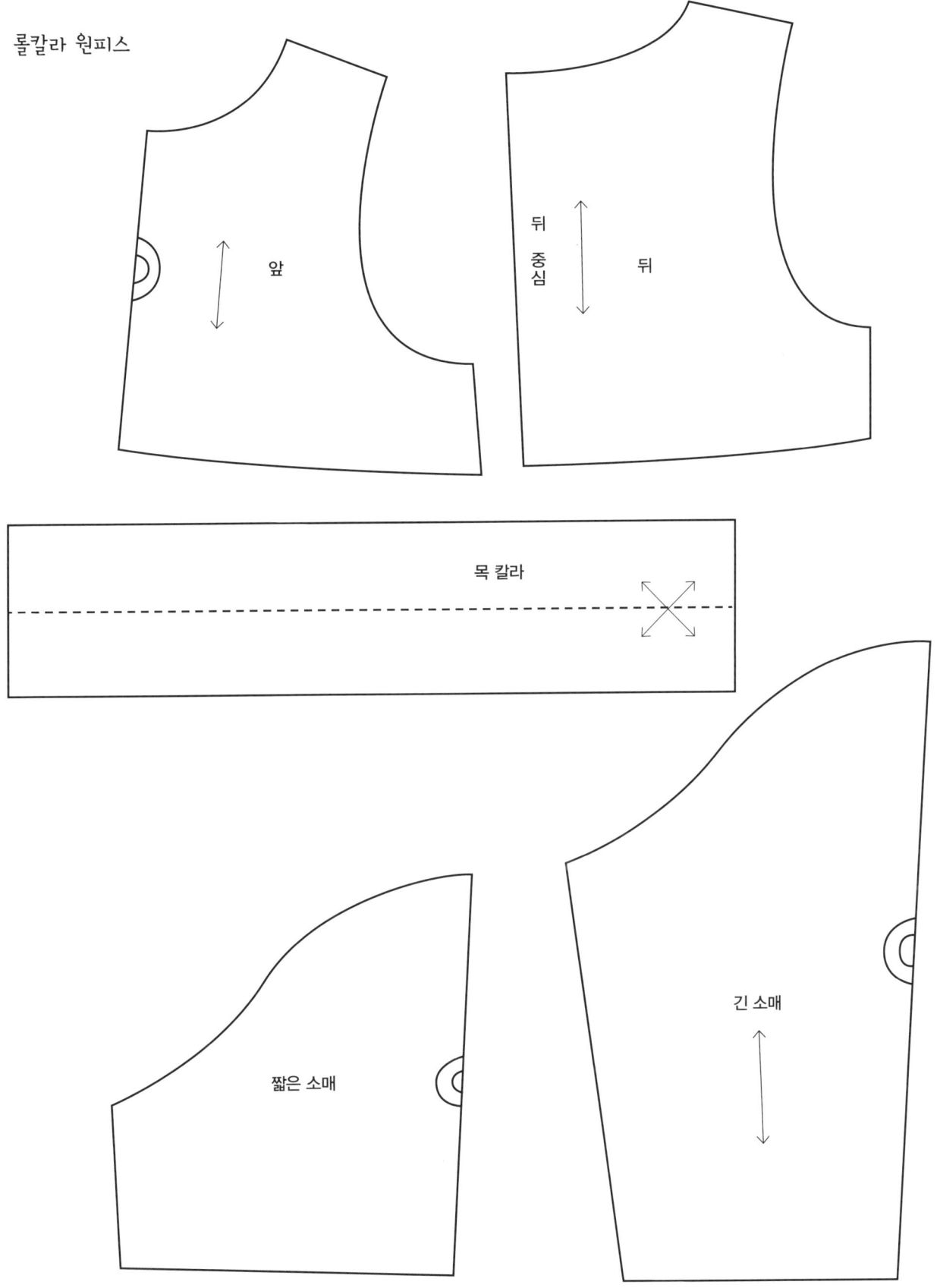

민소매 A라인 원피스

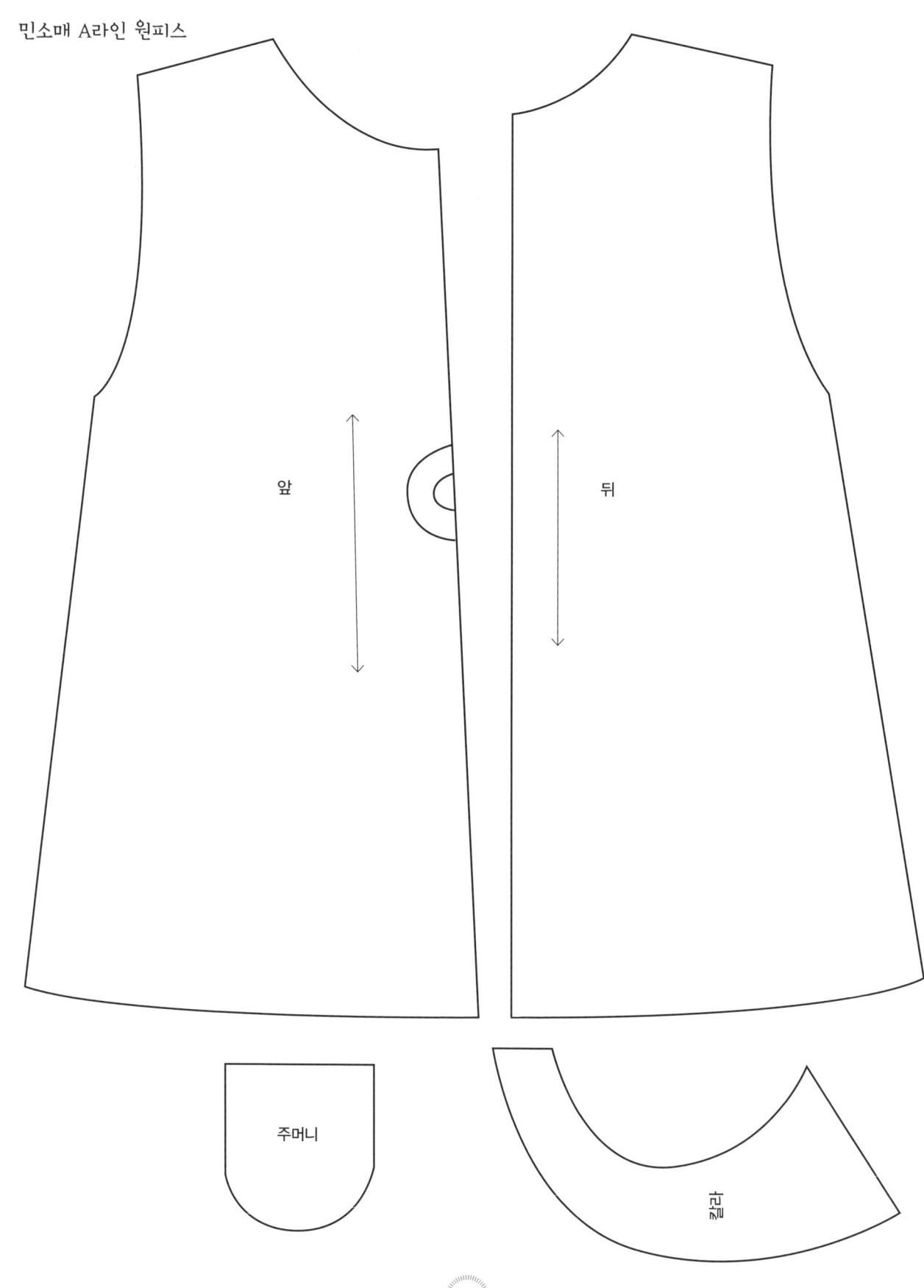

박스 원피스

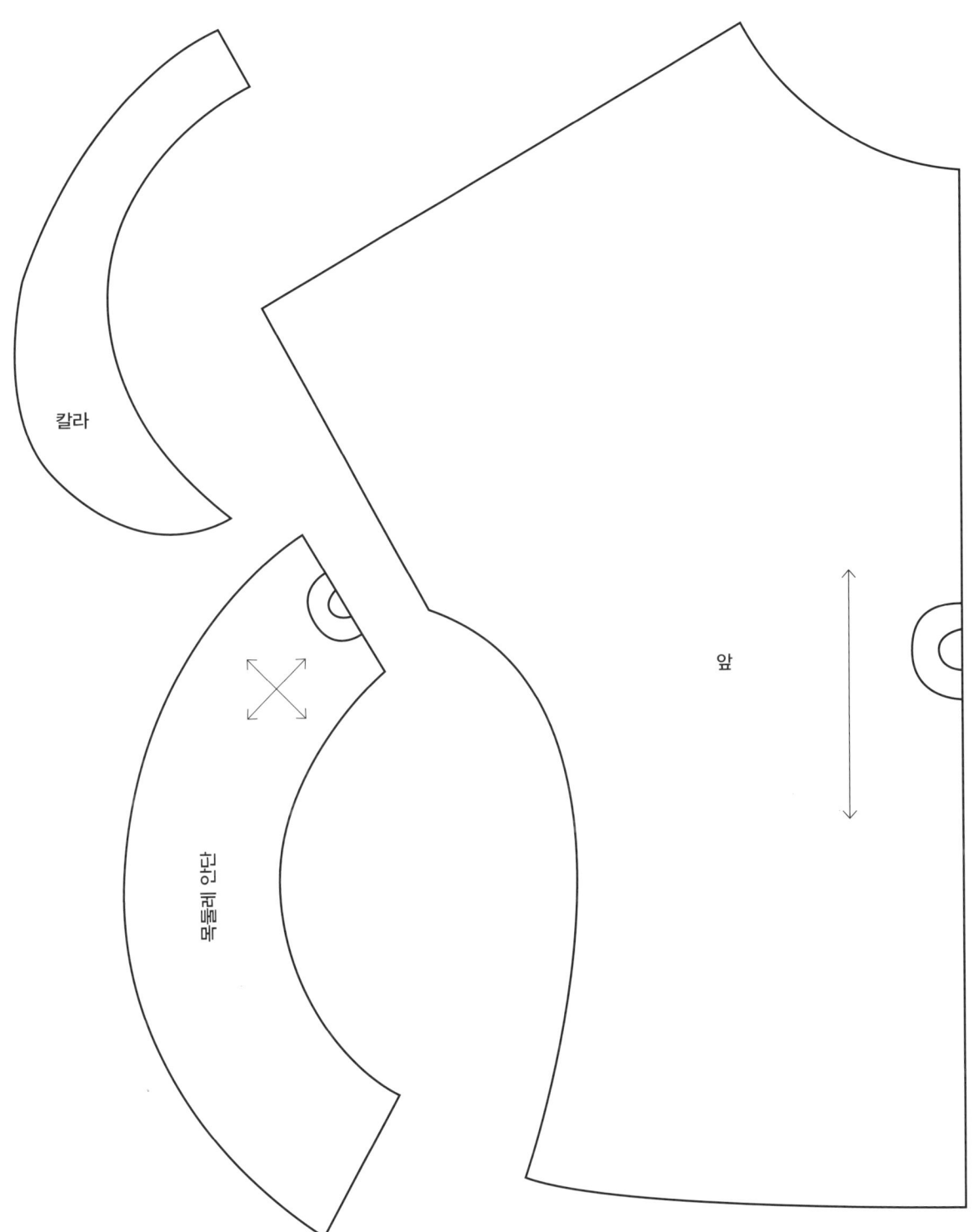

박스 원피스

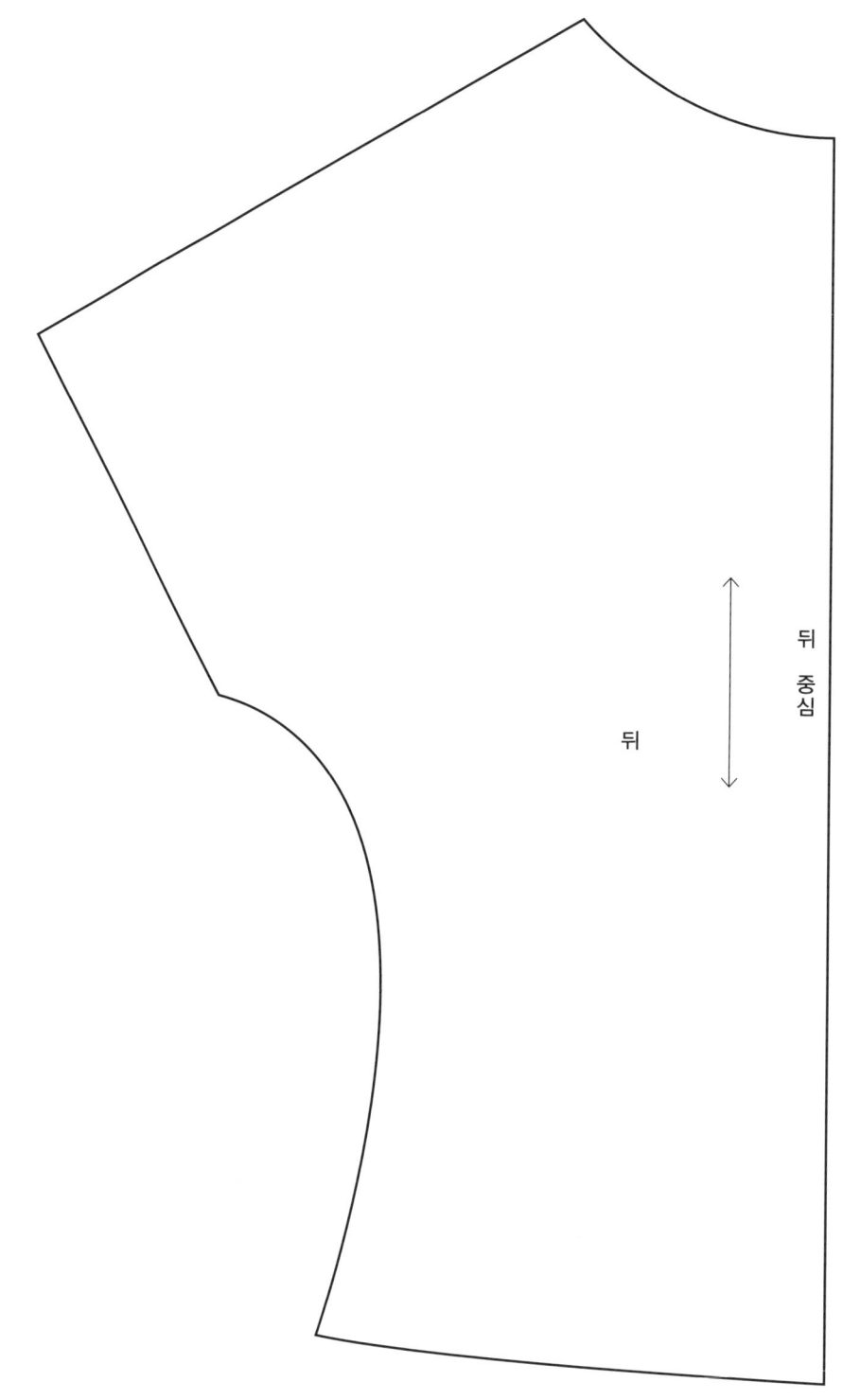

민소매 프릴칼라 원피스

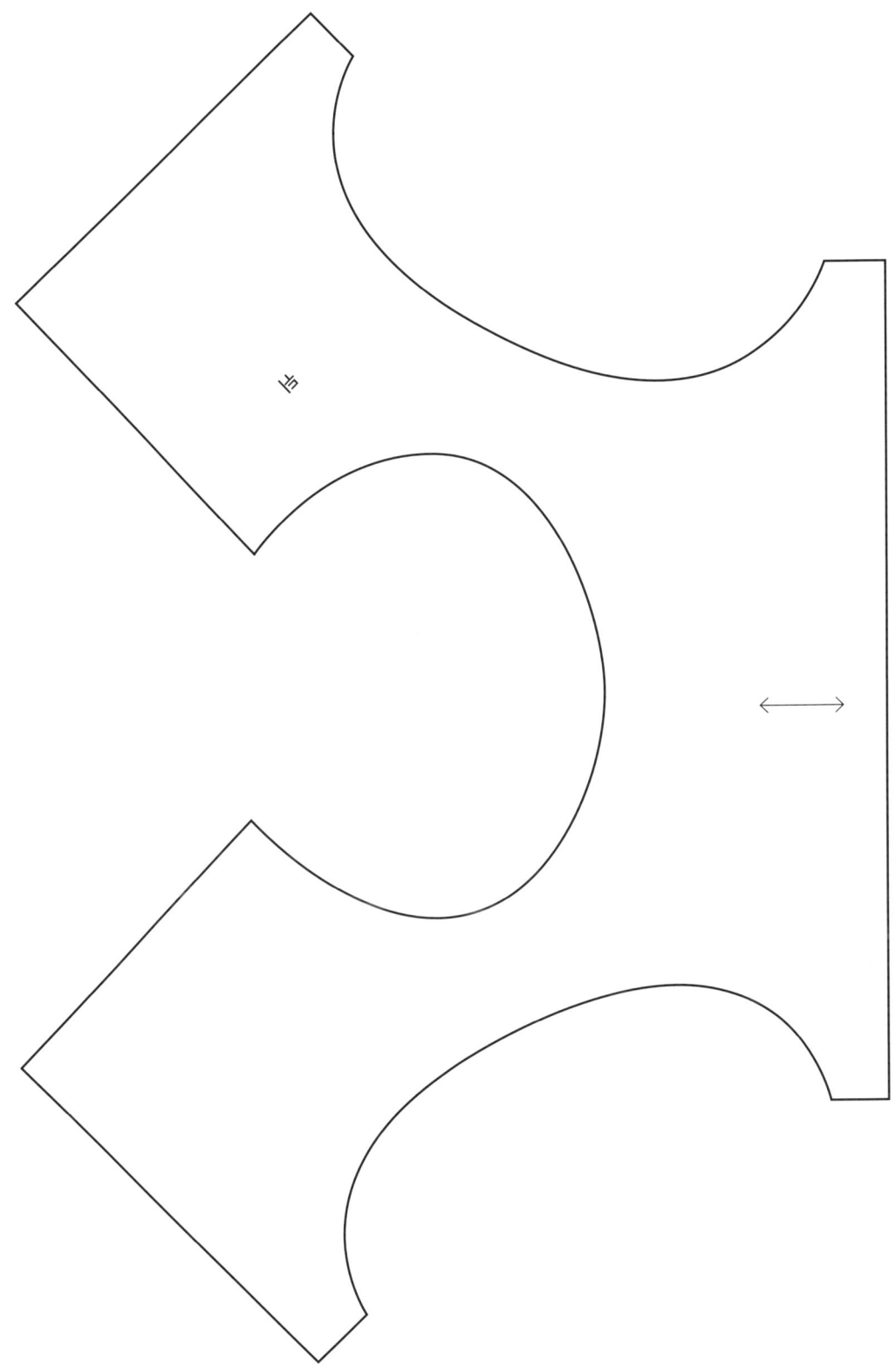

스위티 원피스

치마

어깨끈

몸판

캉캉 원피스

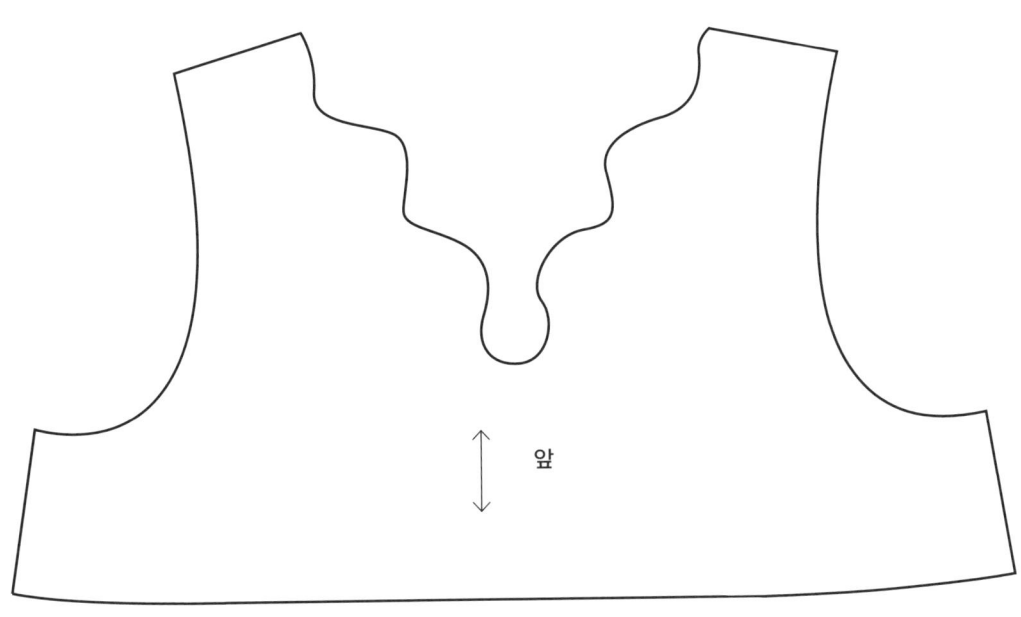

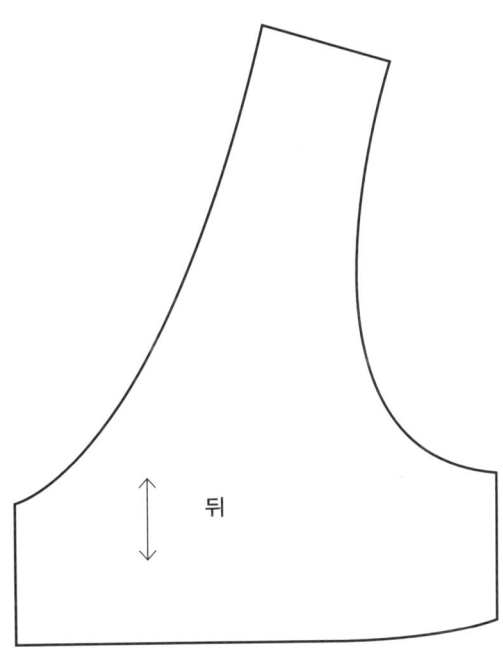

핑크 튀튀 원피스

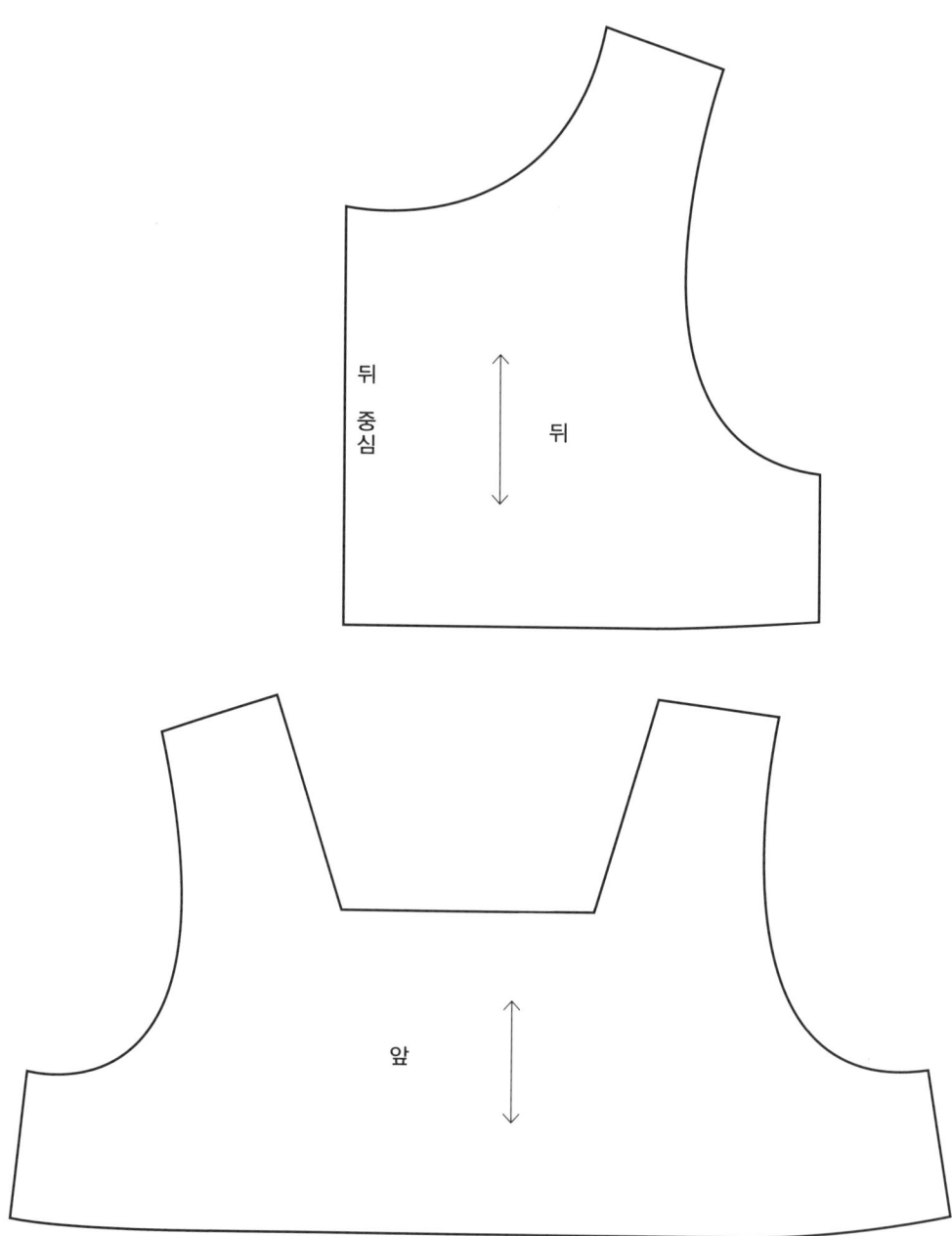

스모크 원피스

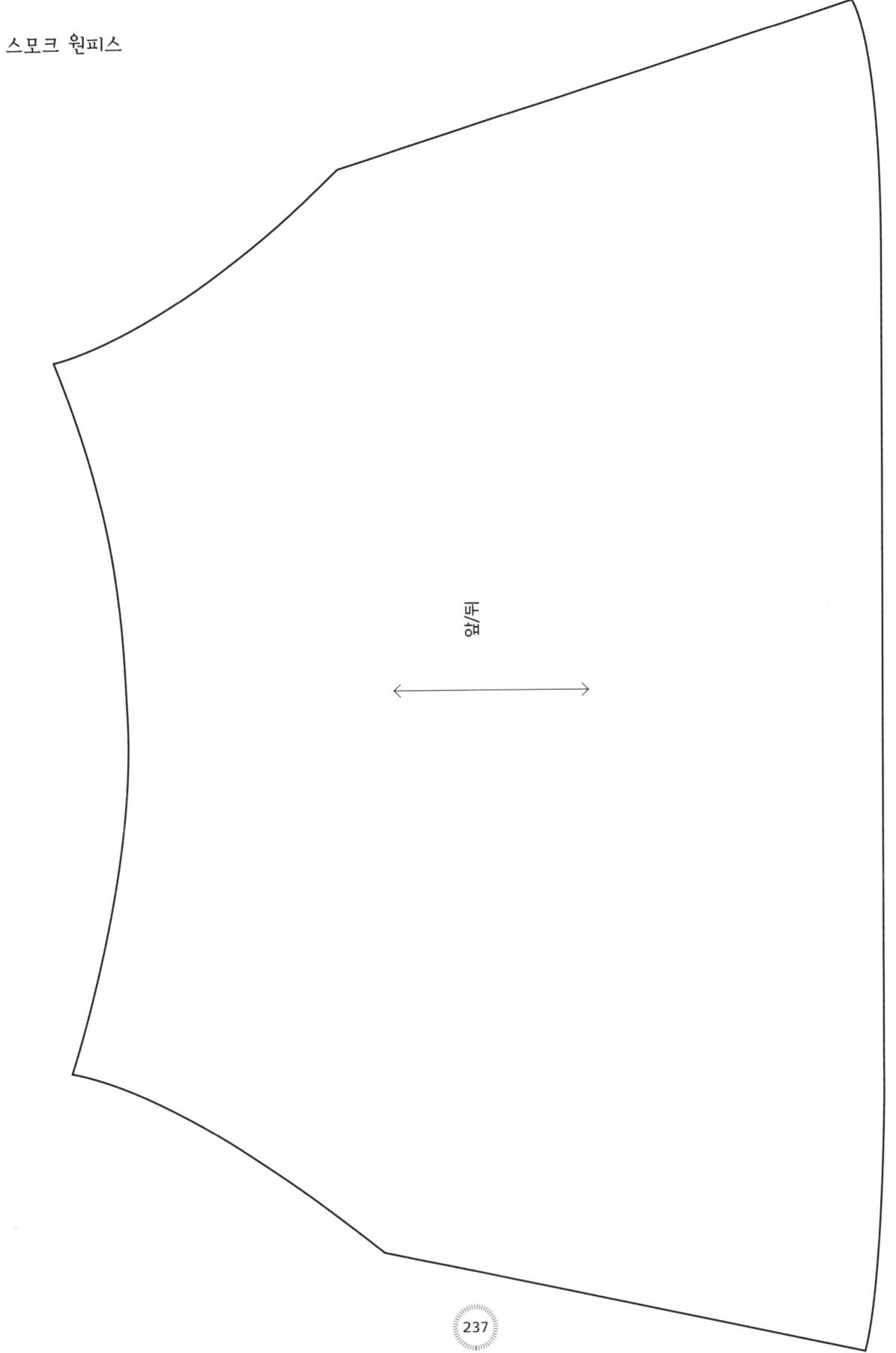

스모크 원피스/플라워 케이프

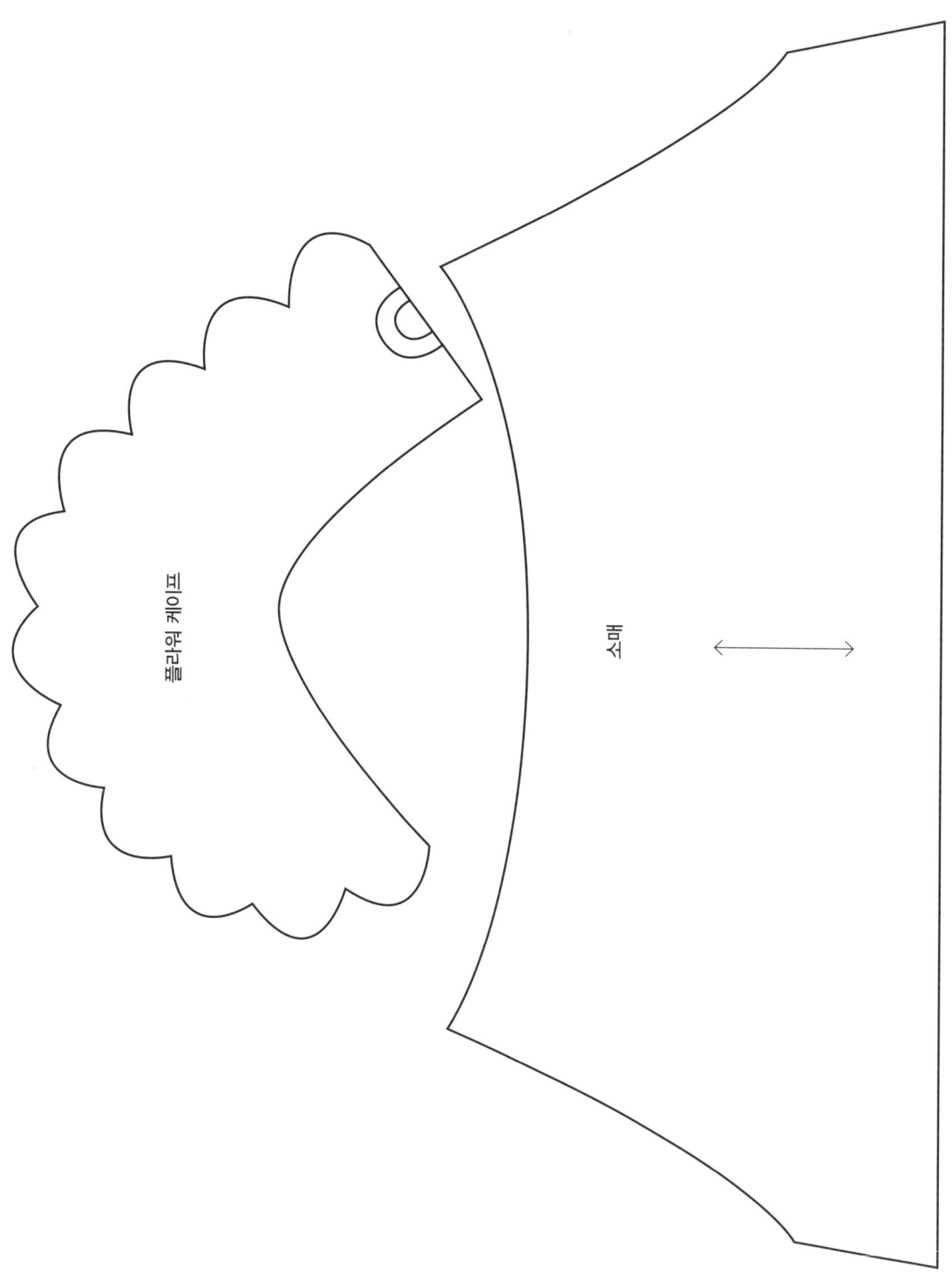

러블리 앞치마

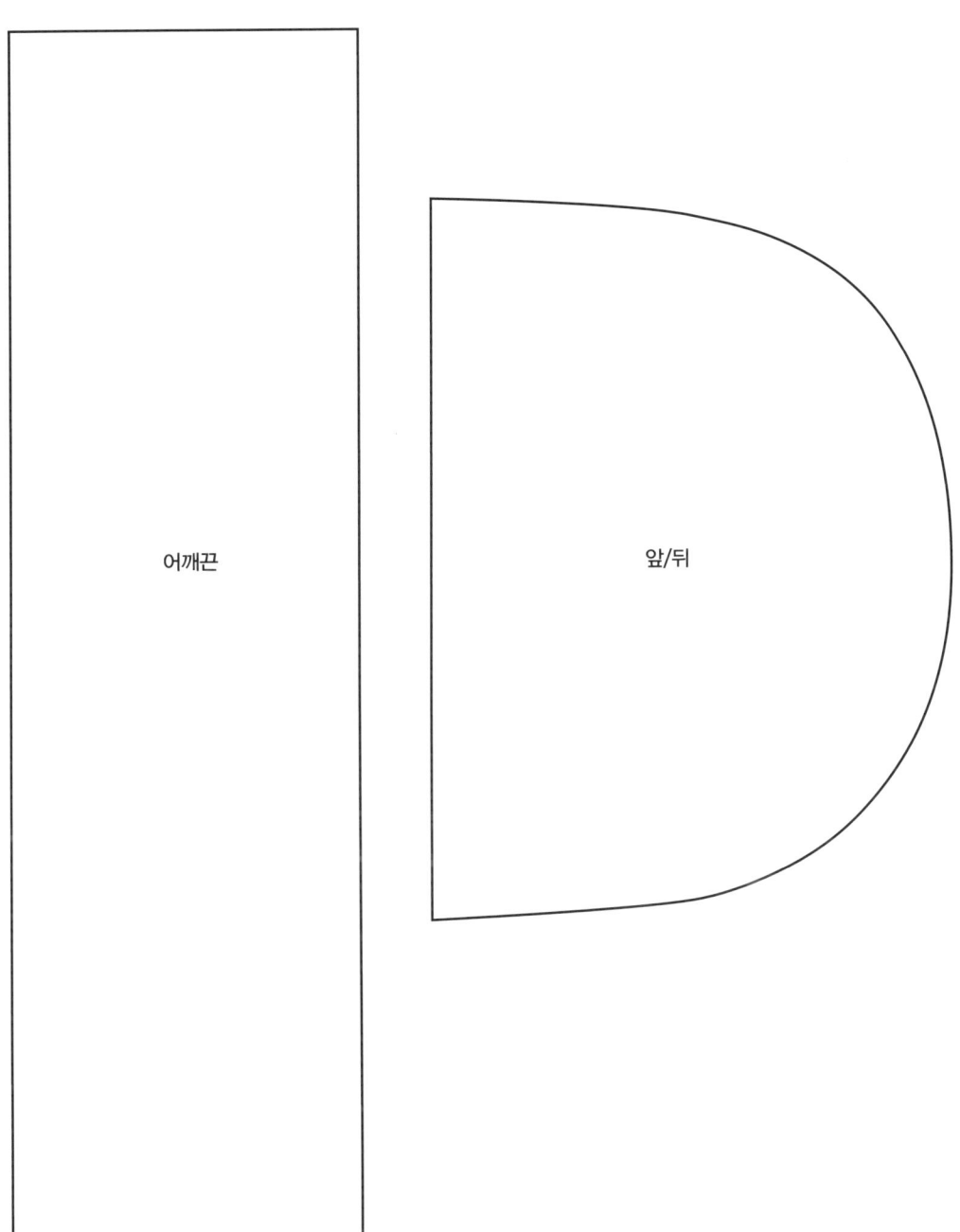

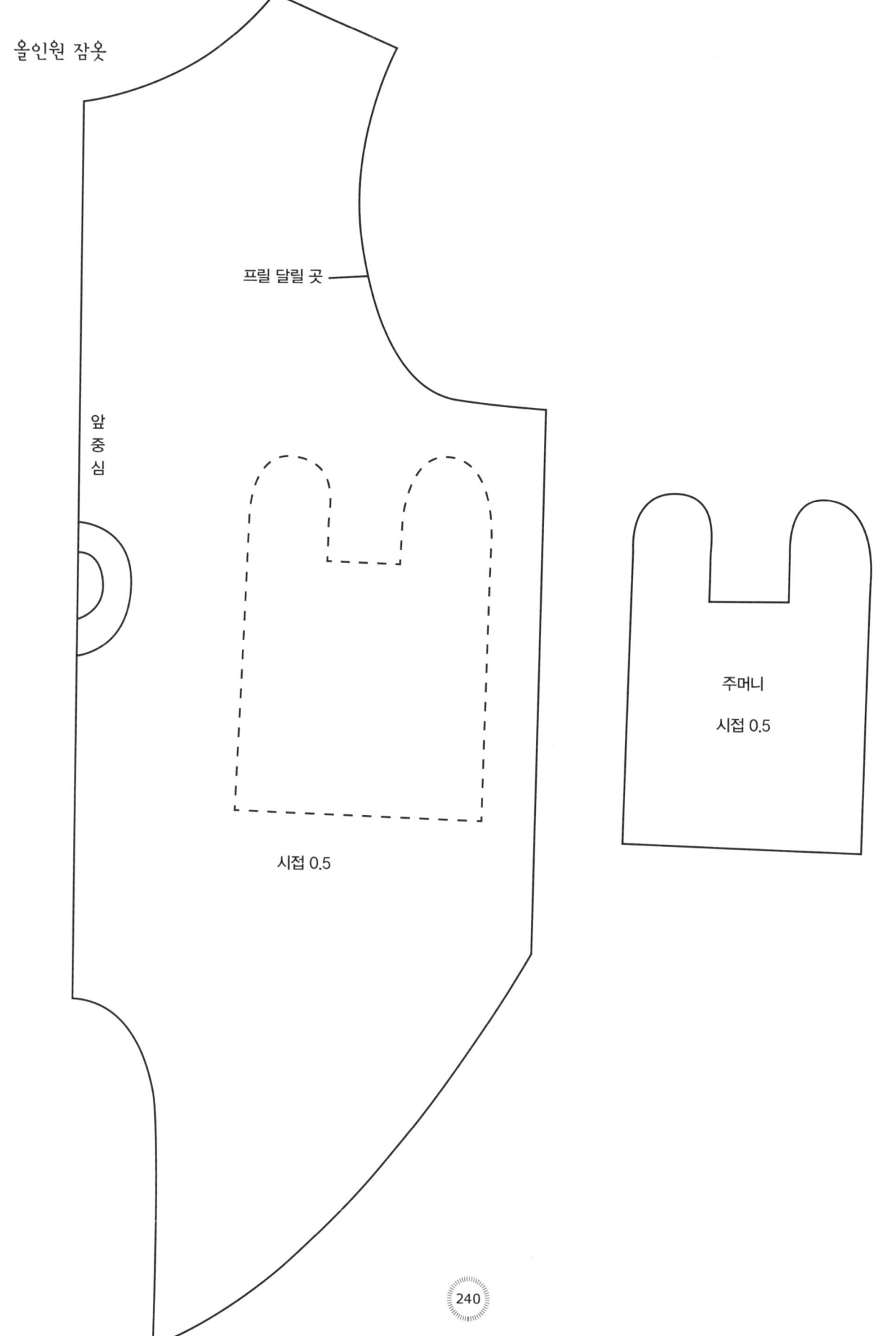

올인원 잠옷

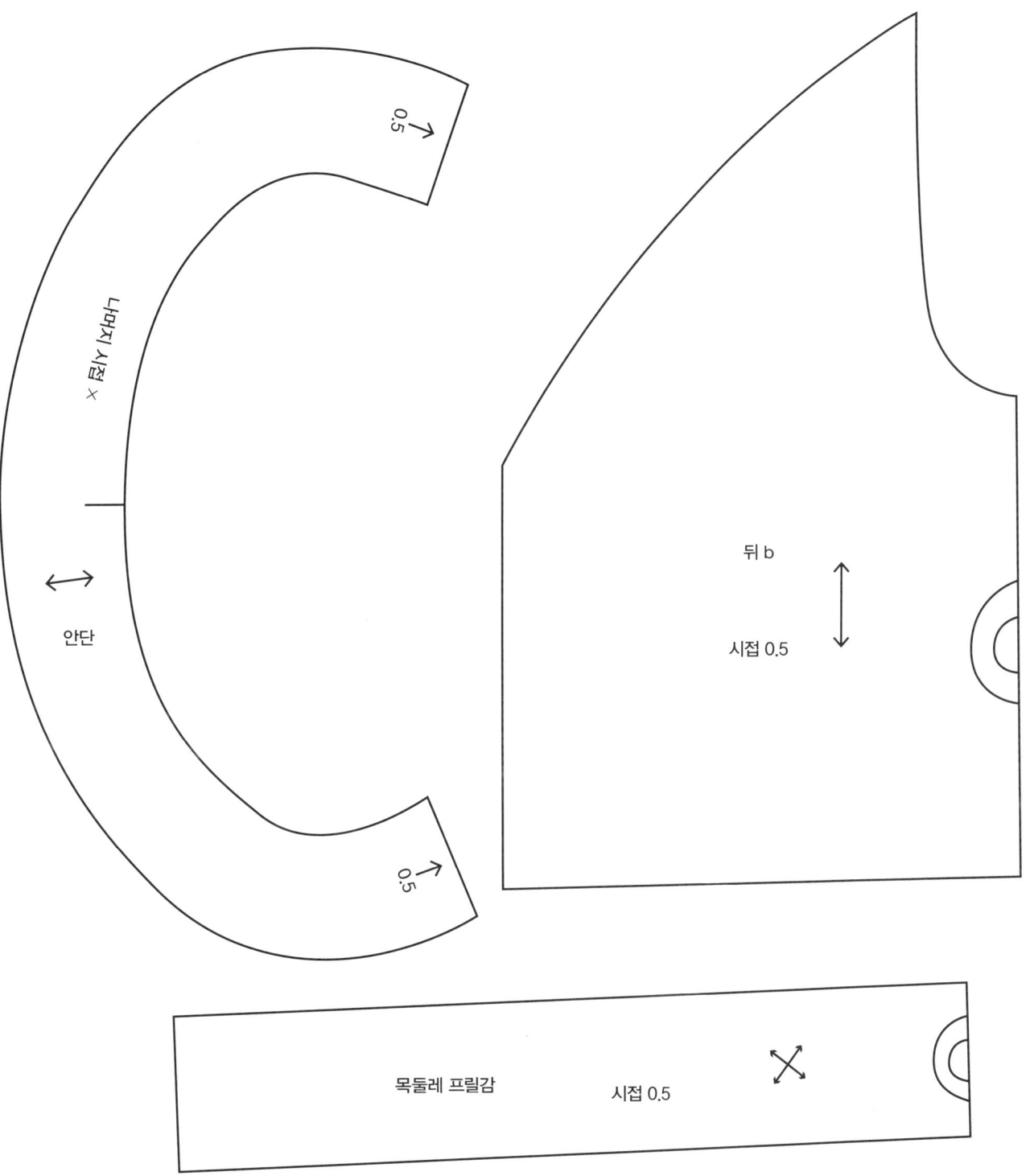

올인원 잠옷

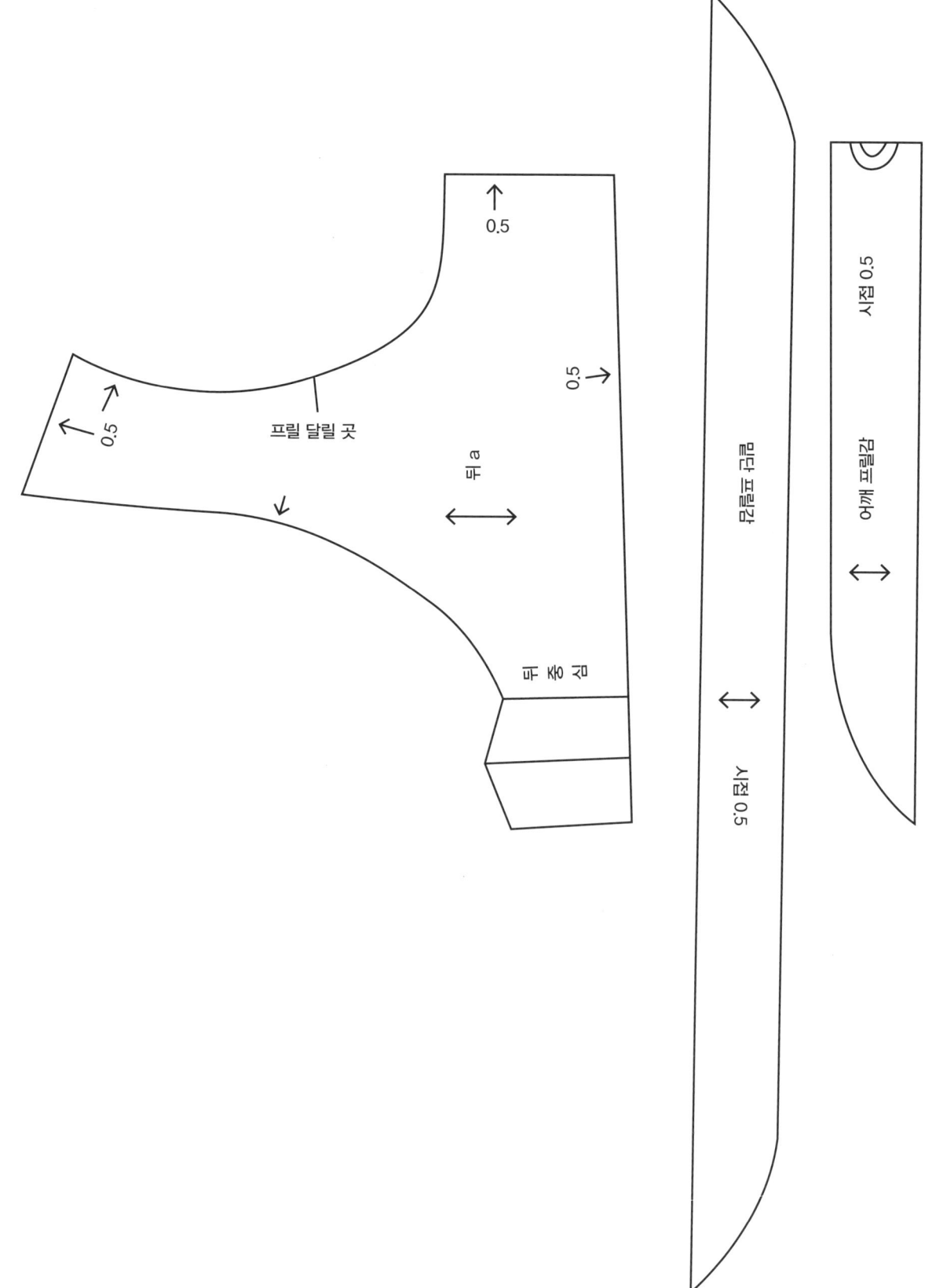

백설공주 앞치마

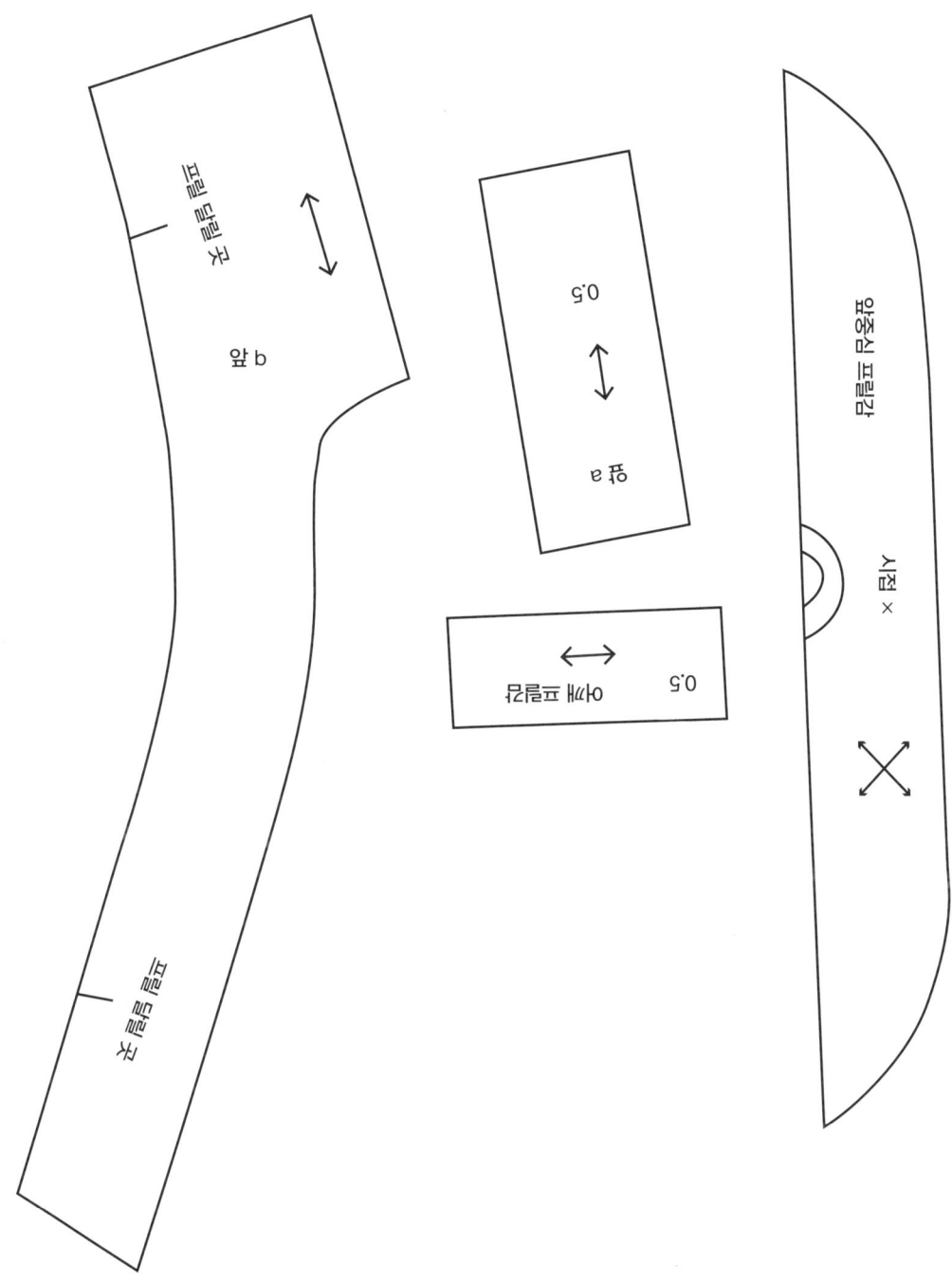

백설공주 앞치마

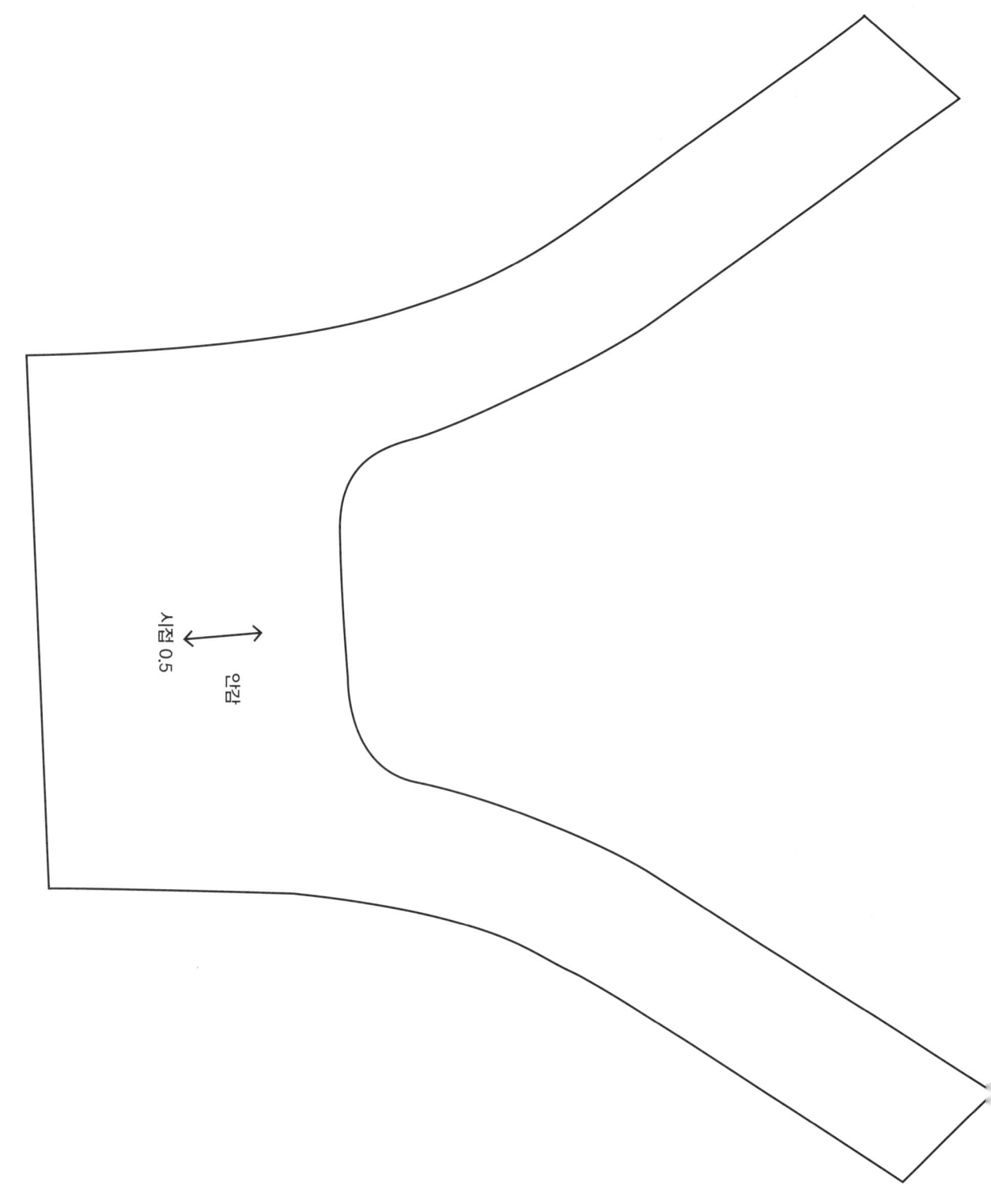

블루머

헤어밴드

러닝

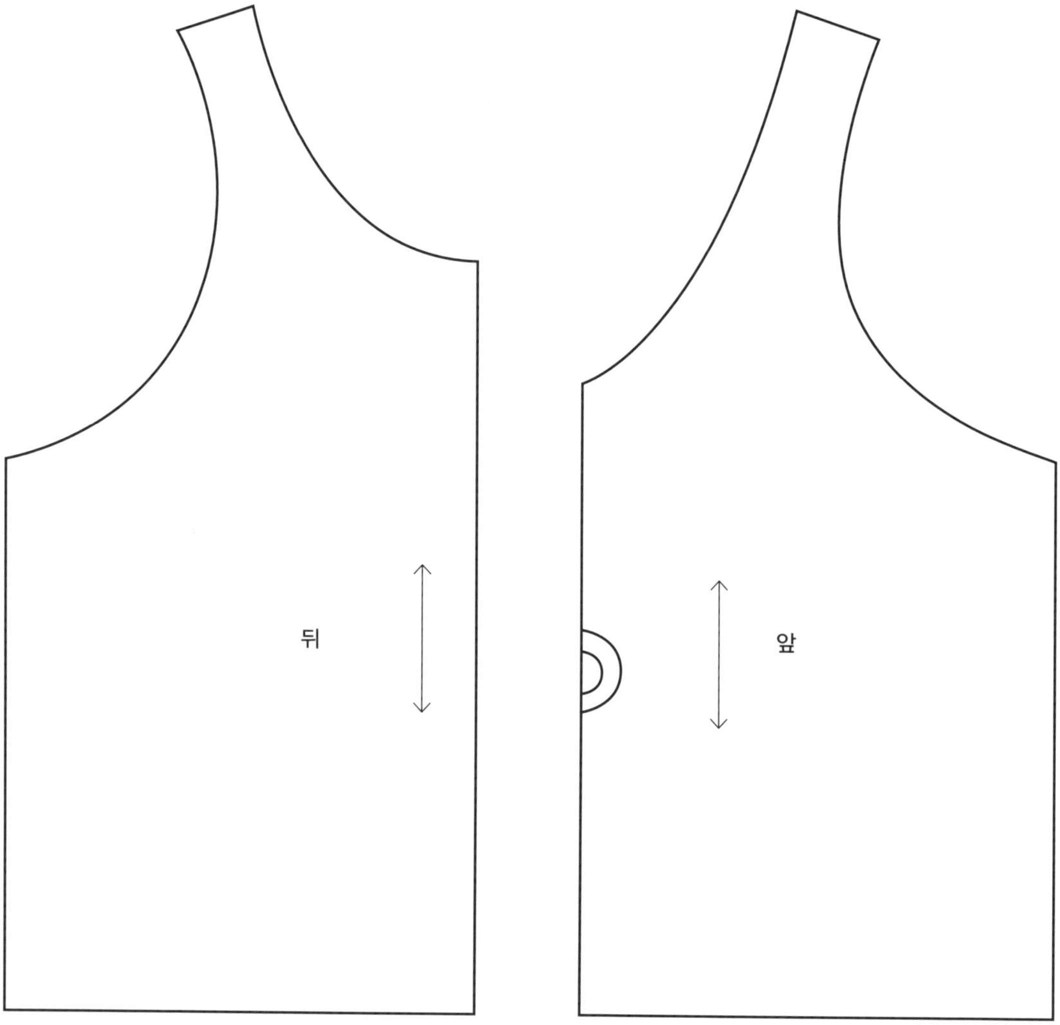

리본핀

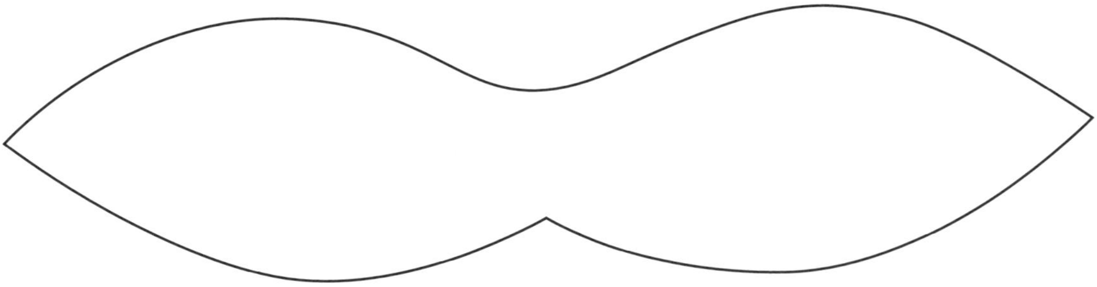

팬티

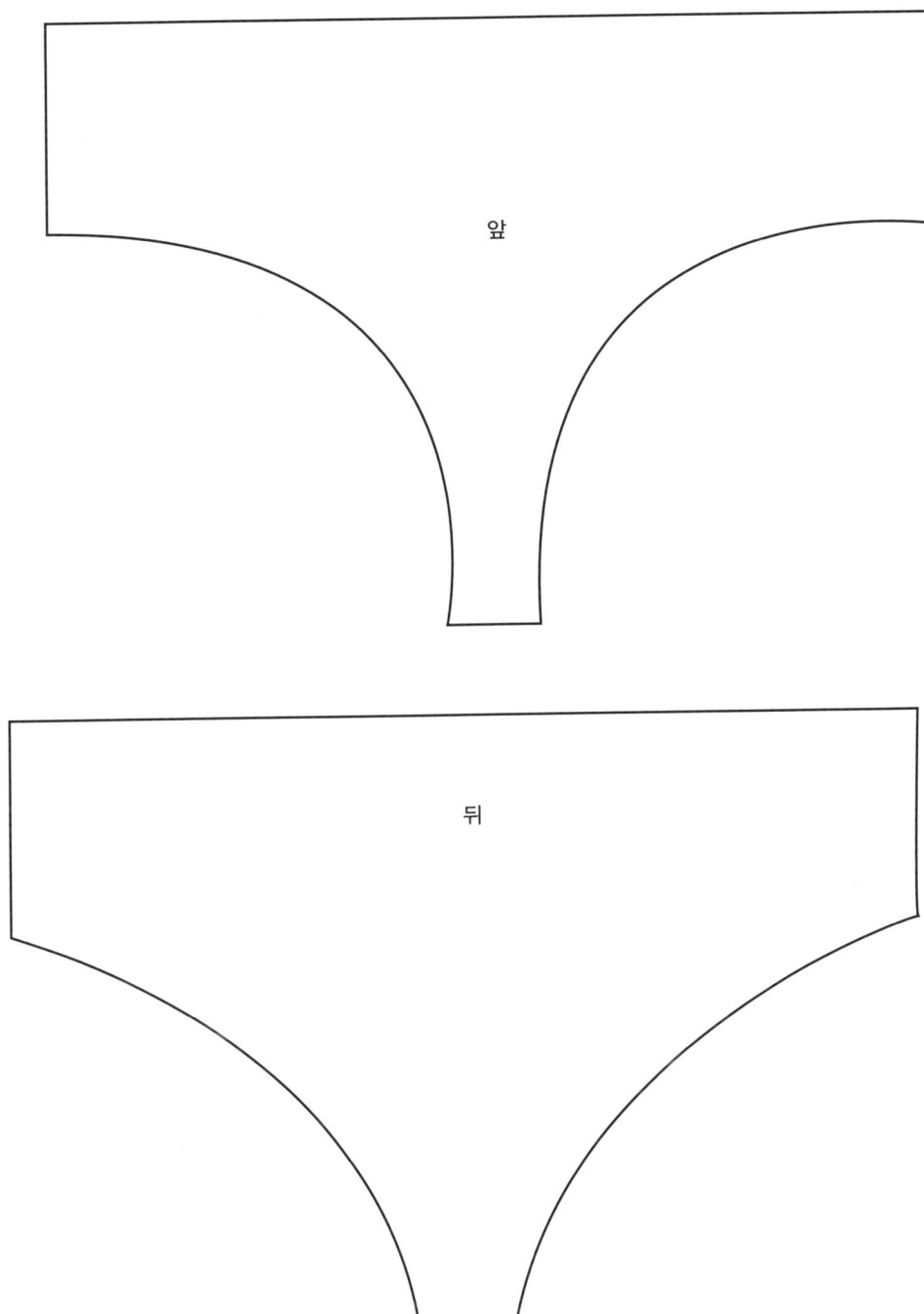

리본슈즈

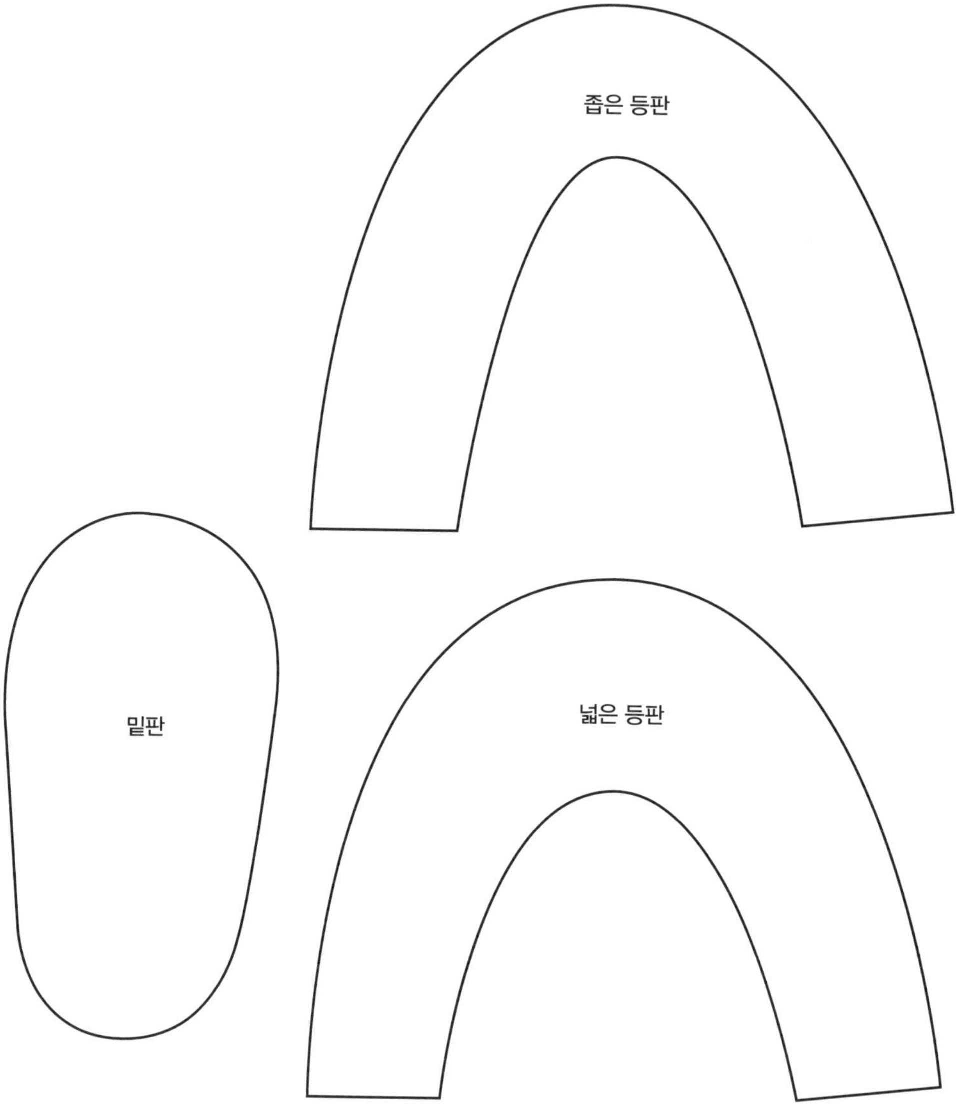

좁은 등판

밑판

넓은 등판

반양말

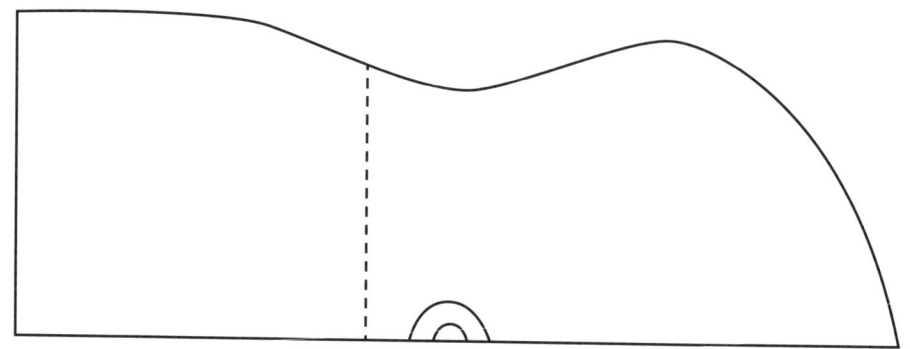

요정 모자

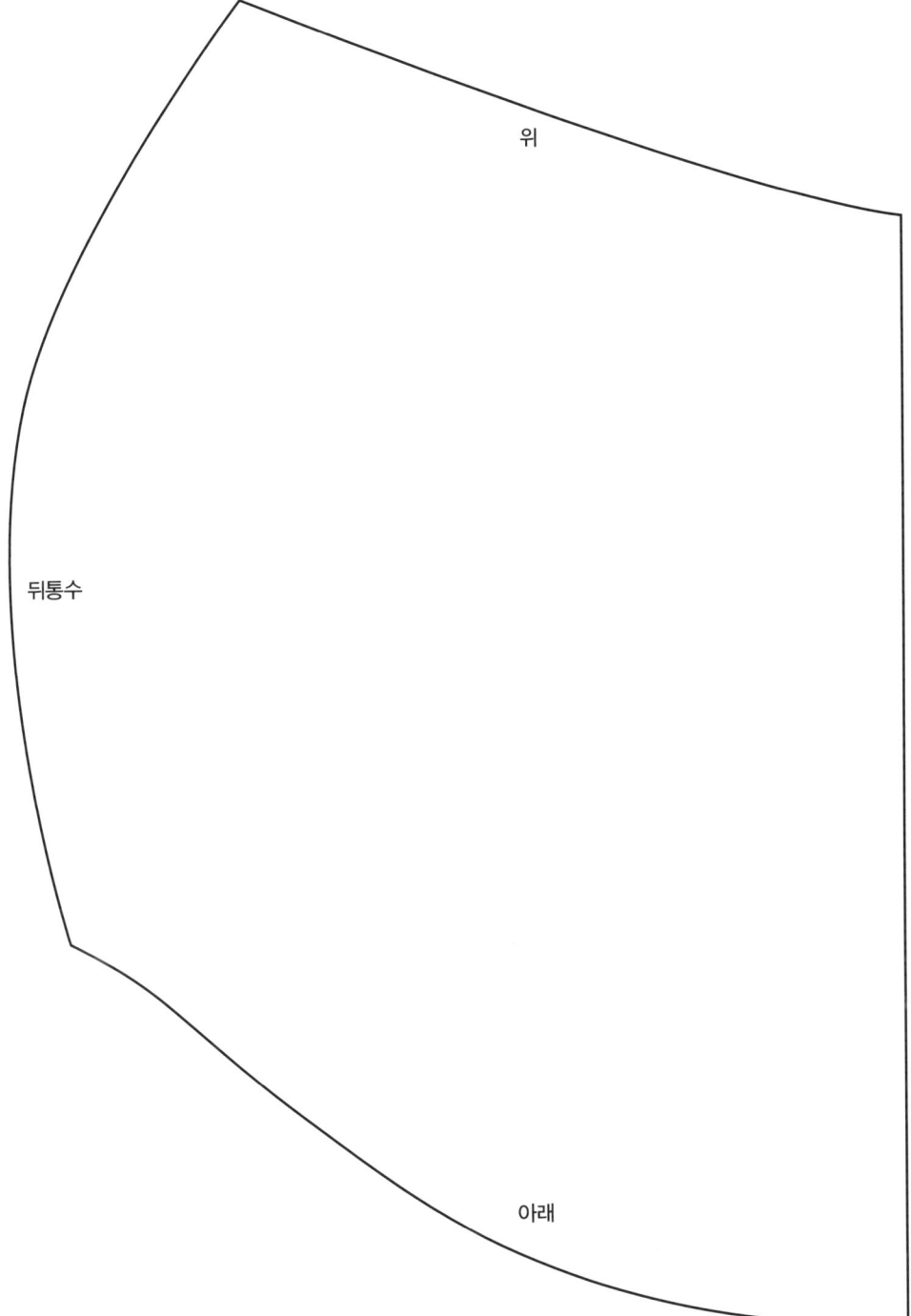

썬캡

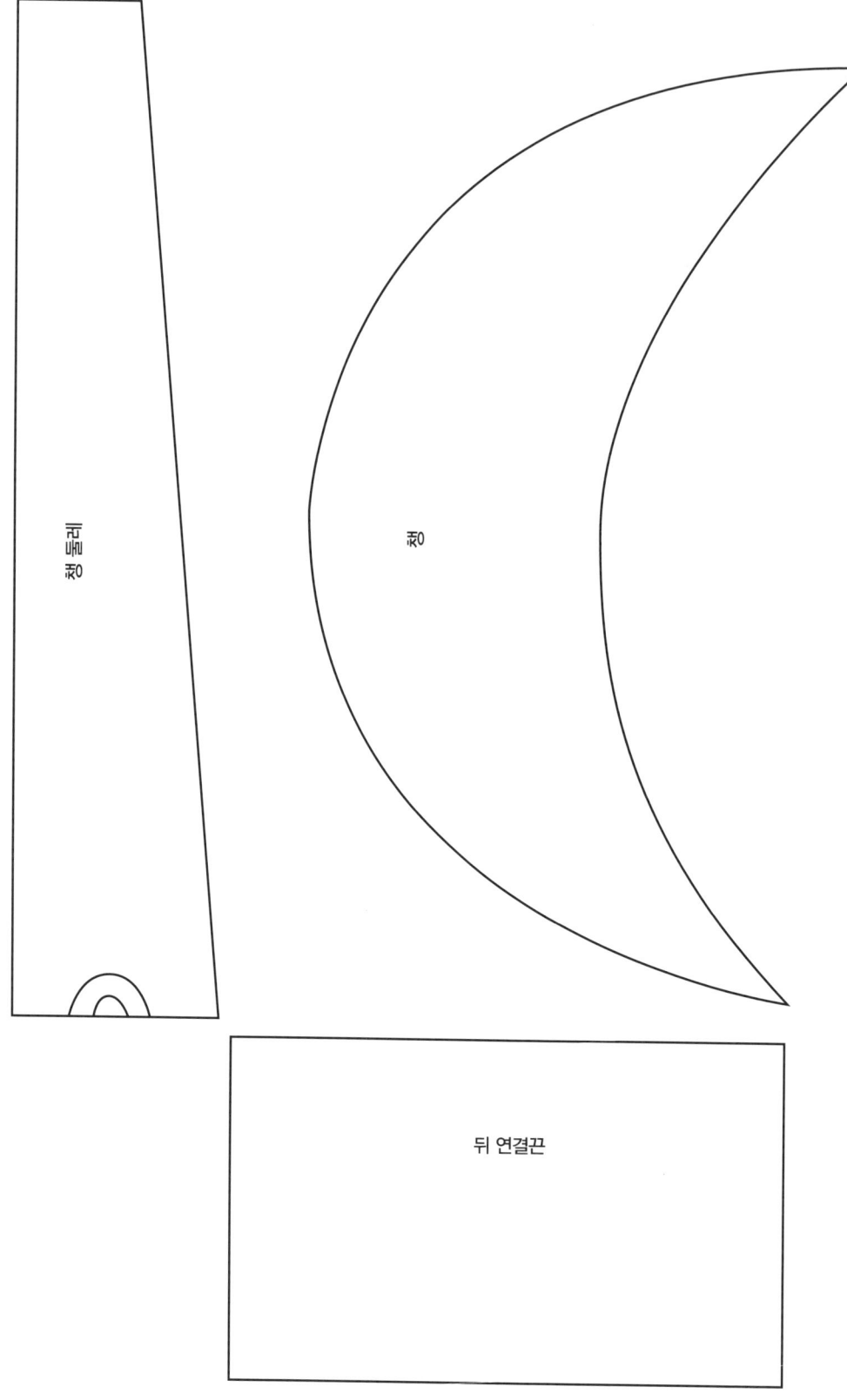

백팩

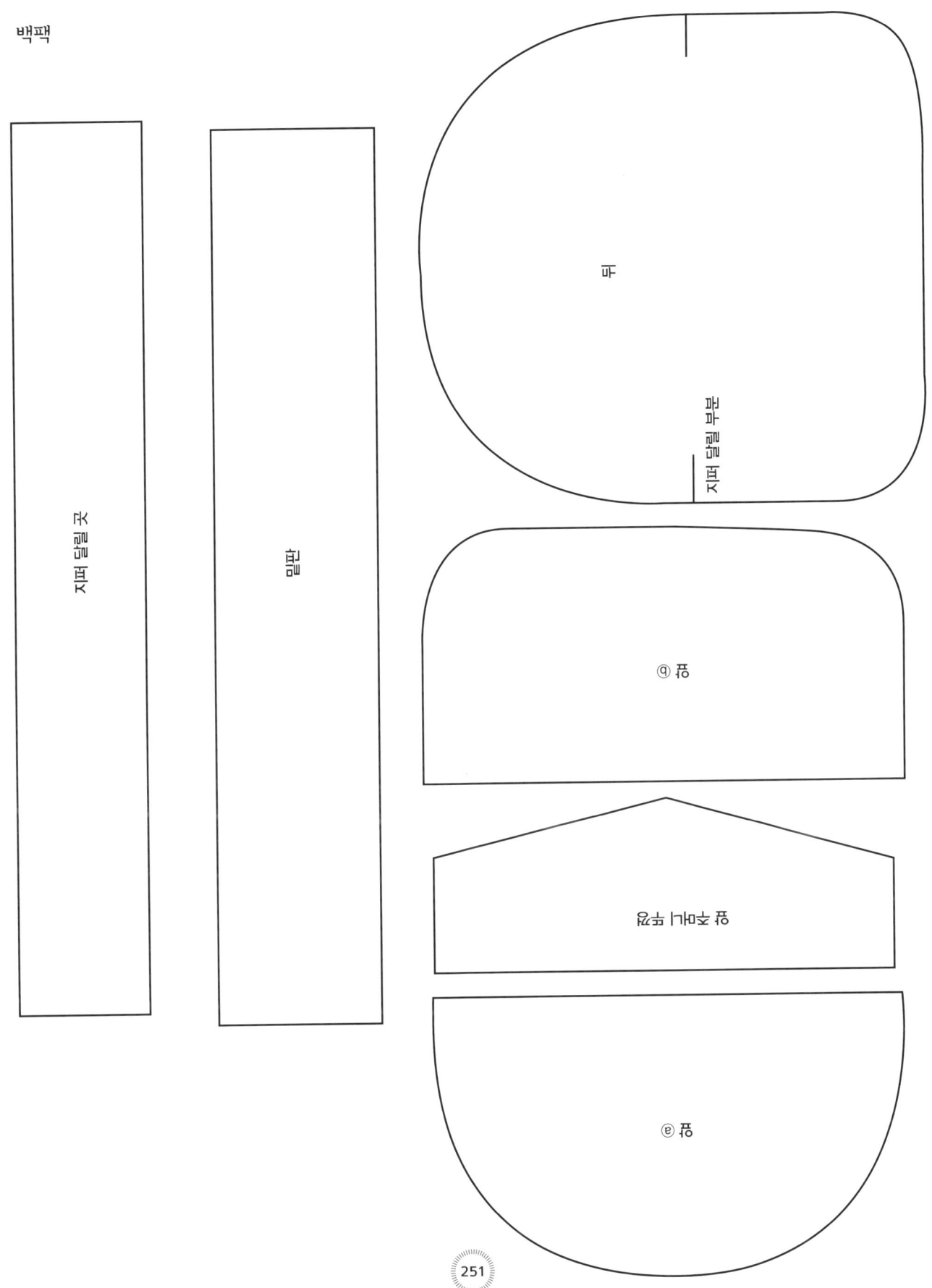

멍뭉이 슬리퍼

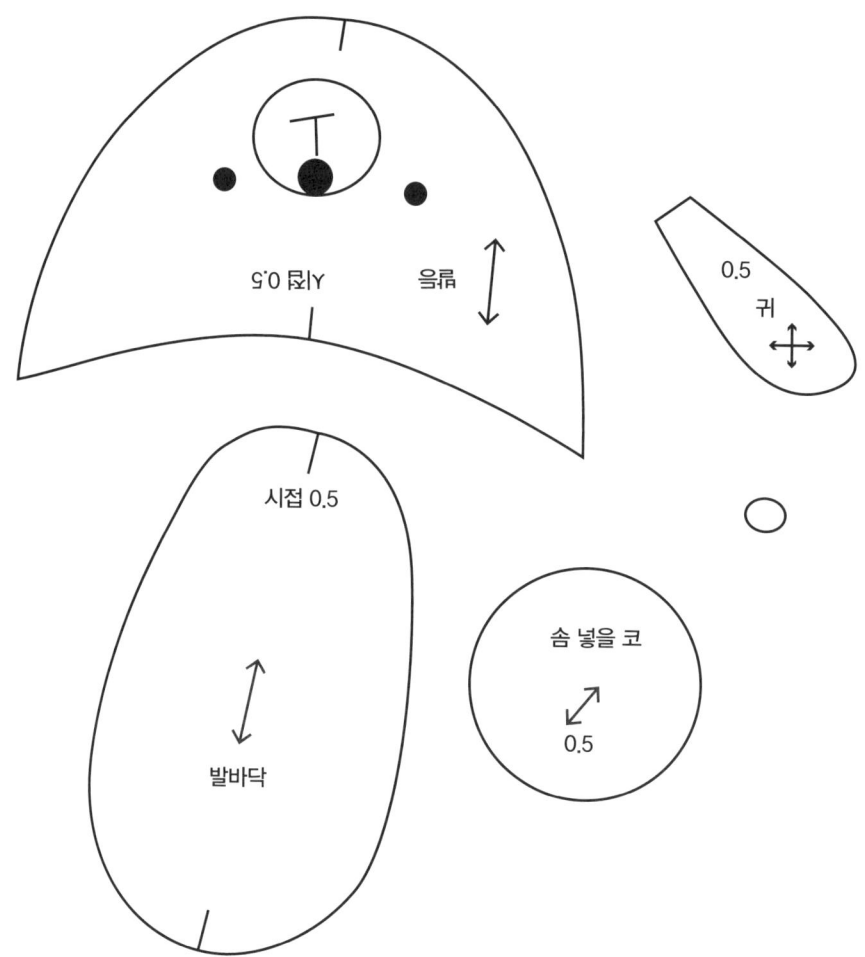